GOOD TIME 编辑部 编著

日本
JAPAN
购物游

文化发展出版社

图书在版编目（CIP）数据

日本购物游 / GOOD TIME 编辑部编著. — 北京：文化发展出版社有限公司, 2017.7
ISBN 978-7-5142-1854-1

Ⅰ. ①日… Ⅱ. ①G… Ⅲ. ①旅游指南－日本 Ⅳ. ①K931.39

中国版本图书馆CIP数据核字(2017)第153762号

日本购物游

编　　著：	GOOD TIME编辑部		
责任编辑：	张宇华　李　毅	责任校对：	岳智勇
责任印制：	孙晶莹	责任设计：	侯　铮

出版发行：文化发展出版社（北京市翠微路2号　邮编：100036）
网　　址：www.wenhuafazhan.com
印　　刷：三河市庆怀印装有限公司

开　本：889mm×1194mm　1/32
字　数：204千字
印　张：8
印　次：2017年7月第1版　2017年8月第2次印刷
定　价：49.80元
ＩＳＢＮ：978-7-5142-1854-1

◆ 如发现任何质量问题请与我社发行部联系。
　　发行部电话：010-88275710

目录 Contents

Chapter 1
告诉你去日本购物该买什么　　　　7

- 美妆与健康 TOP15 ······································· 8
- 食品 TOP10 ·· 14
- 母婴用品 TOP5 ·· 18
- 各地特色伴手礼 ··· 20

Chapter 2
日本购物游前必做的功课　　　　31

- 日本入境手续 ·· 32
- 日本购物如何退税 ······································ 34
- 免税店都分布在哪 ······································ 36
- 日本的打折季是什么时候 ····························· 39
- 在日本如何使用金融卡 ································ 39
- 日本购物常用词汇 ······································ 40
- 你该知道的日本其他知识 ····························· 41
- 旅游救助必备电话与网站 ····························· 43

目录 Contents

Chapter 3 东京购物游完美指南 — 45

东京热门购物区 …… 46
东京駅・丸の内、银座・有乐町、秋叶原、新宿、赤羽桥・东京铁塔周边
边买边吃 …… 78
住在东京 …… 86
玩在东京 …… 87

Chapter 4 大阪购物游完美指南 — 91

大阪热门购物区 …… 92
梅田・大阪駅周边、心斋桥、美国村、日本桥
边买边吃 …… 106
住在大阪 …… 112
玩在大阪 …… 114

Chapter 5 京都购物游完美指南 — 117

京都热门购物区 …… 118
京都駅周边、四条・河原町、三条、祇园、清水寺周边、京都御所・二条城
边买边吃 …… 146
住在京都 …… 156
玩在京都 …… 158

Chapter 6
神户购物游完美指南　　167

神户热门购物区	168
三宫、元町、旧居留地、神户港	
边买边吃	180
住在神户	188
玩在神户	190

Chapter 7
北海道购物游完美指南　　195

北海道热门购物区	196
札幌駅周边、大通公园、狸小路、小樽駅·小樽运河、函馆元町	
边买边吃	222
住在北海道	232
玩在北海道	236

Chapter 8
九州购物游完美指南　　241

九州热门购物区	242
博多駅周边、天神·药院	
边买边吃	248
住在九州	252
玩在九州	254

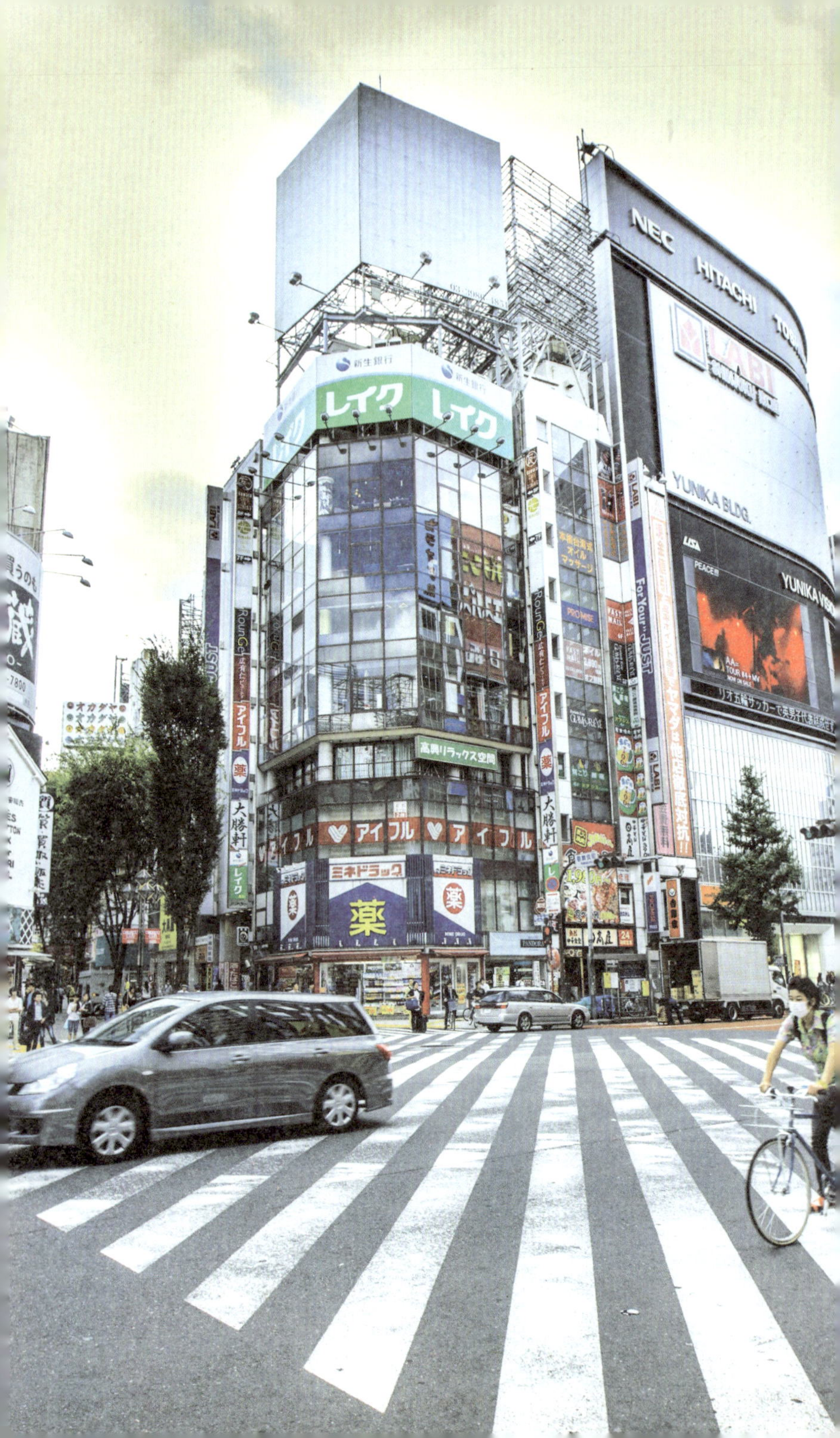

NEC
HITACHI
YUNIKA BLDG.
新生銀行
レイク
レイク
アイフル
ミネドラッグ
薬

Chapter 1
告诉你去日本购物
该买什么

- **8** 美妆与健康 **TOP15**
- **14** 食品 **TOP10**
- **18** 母婴用品 **TOP5**
- **20** 各地特色伴手礼

# TOP 15
美妆与健康

来到日本一定要做的就是逛美妆店,不论是化妆品及保养类的美容小物,或是药品、酵素等健康食品,都是值得入手的。

糀姬 KOUJIHIME
株式会社シースタイル
¥ 1 512 日元 /150g

平时或沐浴中皆可使用的蒟蒻去角质冲洗式面膜。由日本酒萃取天然成分,并融合了日本酒的制造原料酒曲中,特别萃取出大自然的美肌成分"酒曲精华",使肌肤嫩白亮丽,吹弹可破。使用方法也十分简单,均匀涂抹至肌肤上搭配轻柔按摩,静待3～5分钟后洗净即可。使用后散发出清爽樱花香,令人心旷神怡。

キャンメイク マシュマロフィニッシュパウダー
CANMAKE 透亮美肌定妆蜜粉饼
株式会社井田 Laboratories
¥ 1 015 日元

SPF26 PA++ 各季节均适用,能打造出犹如棉花糖般轻柔美肌的蜜粉,广受支持！共3色,分别是柔和附着肌肤的粉系美肌肤色、妆感服帖的自然系美肌浅肤色和充满透明感的明亮美肌肤色。清爽轻薄的质地,可防止出油和黏腻。没有厚重的妆感也能完美地修饰毛孔和色差！

アリィー エクストラUVジェル（ミネラルモイスト ネオ）
ALLIE Extra UV Gel（MINERAL MOIST NEO）
株式会社カネボウ化妆品
¥ 3 024 日元 /90g、1 512 日元 /40g

　　虽然是水润的凝露却很抗水耐汗，不易脱落。推荐给绝对不想晒黑的人们！紧密贴合肌肤纹理和毛孔造成的凹凸面连局部晒黑也能彻底防止。抗水耐汗的防水性防晒（Water proof），让抗ＵＶ效果持续不中断。除了日常生活之外还能支援休闲娱乐、泳池、运动等活动！兼顾凝露的清爽感与高度抗ＵＶ。

キャンメイク クリームチーク
CANMAKE 腮红霜
株式会社井田ラボラトリーズ
¥ 各580 日元

　　CANMAKE 腮红霜拥有好口碑及高人气！腮红霜一在肌肤上延展，立即变得滑顺清爽，涂抹起来流畅舒适，上完底妆后使用，轻松打造白里透红的粉嫩双颊。Clear Type 更可以兼作唇彩使用，非常实用。

薬用ベラリス
嘉龄芦荟精华露
エーザイ株式会社
¥ 918 日元

　　含99%的浓缩还原有机芦荟精华，凝胶如叶肉般透明而有弹性。抹在肌肤上时，凝胶会随体温化开，很好推开且干爽而不黏腻。适用于日晒或洗澡后降温肌肤表面，也可当作晚安面膜使用，冰镇后更舒服。

ロートリセブラン
乐敦 Lycee blanc 樱花眼药水
ロート制药株式会社
¥ 1 200 日元 /12mL

　　一直备受喜爱的 Lycee 樱花眼药水有新品登场了。从包装设计就令人爱不释手，淡粉红的底色搭配朵小白樱花，光看就给人带来绝佳的轻松好心情，药水本身内含 6 种有效成分，不仅能促进代谢、更能缓解疲劳并消除眼睛充血，是上班族和学生的最爱。

アバンビーズ
AVANTBISE
わかもと制药株式会社
¥ 1 080 日元

　　由"强力 WAKAMOTO"公司所开发的 AVANTBISE 是种新构思的药用牙膏，不使用杀菌剂，其中的活性乳酸菌能抑制口中的有害菌，还可预防口臭、牙周病、龋齿、牙周炎。仅在日本国内销售。对于需要保持口气清新的约会或是工作场合，也是人气商品。

固形浅田飴クールS
固体浅田糖凉爽 S
株式会社　浅田飴
¥ 940 日元 /50 锭

　　自 1926 年起一直深受喜爱的固体浅田糖是由 4 种生药调配而成，对咳嗽及痰多、喉咙痛等具有良好的效果。像糖果一样含在嘴里服用的止咳化痰药，薄荷的清凉味道会在喉咙里整个化散开来。无糖型让在意糖分跟卡路里的人也可以安心服用。

ナボリンS
NABOLIN S
エーザイ株式会社

¥ 1 580 日元/21 锭、2 860 日元/40 锭、4 093 日元/65 锭、6 151 日元/110 锭、9 031 日元/180 锭

　　NABOLIN S 对缓解眼睛疲劳和肩膀酸痛都很不错。推荐给长期有眼睛酸痛或肩膀僵硬的人使用。会有此症状有可能是因为眼睛和肩膀的神经受到损伤。NABOLIN S 含有对修复受损神经效果不错的活性型维他命 B12 和叶酸。

健康 de 野菜洗い
健康的蔬菜洗洁剂
株式会社サンヘルス

¥ 1 382 日元/150g（加大容量）

　　从"帆立贝之力"而生的安心、安全的蔬菜洗洁剂,将残留农药、防腐剂、果蜡、大肠杆菌祛除。100% 使用日本国内的帆立贝贝壳制造,无臭无味并获得了厚生劳动省认可的天然物品。将 1g 的本产品溶于 1L 的水里后,只需浸泡清洗,就可达到将食细菌进行杀菌的效果,能抑制细菌及霉菌的滋生,保持鲜度。

豊年大豆レシチン（顆粒）
丰年大豆卵磷脂（颗粒）
株式会社 J-オイルミルズ

¥ 3 024 日元 /250g

由处理大豆的专家、日本著名植物油制造商所推荐的大豆内微量成分——卵磷脂。

特别推荐给最近有健忘倾向的人服用。要挑选送给家人的伴手礼时，日本国内著名的百岁人瑞医师也长期服用的大豆卵磷脂健康食品是个好选择。可搭配牛奶、汤品、酸奶等饮料或是配合用餐时间一同服用。

エキバンA
EKIBAN A
タイヘ薬品株式会社

¥ 950 日元

与传统创可贴不同，既不引人注目也不会有压迫感，液体创可贴能不受阻碍地自由活动。将伤口清理好后适量涂上即可，全面阻隔细菌并保护伤口。涂上的瞬间虽会感到一点刺刺的，却非常便利。具有防水效果，就算被水弄湿了也无须担心。

酵水素 328 选サプリメント
酵水素 328 选膳食补充剂 ジェイフロ
ンティア株式会社
¥ 1 728 日元 /60 粒

业界最高等级的 328 种蔬果酵素里，添加了抑制活性氧的水素，不论是减肥或美容，都是较佳的膳食补充剂。可补充随着年龄逐渐减少的体内酵素、调整身体机能，让减肥发挥最大效用。最适合想要又瘦又更漂亮的。

トキワ南天のど饴
常盘南天喉糖
常盘薬品工业株式会社
¥ 864 日元 / 罐装 54 锭

日本唯一使用"南天竹的果实"，开始出售至今已迈入第 48 年的传统医药喉糖。有效改善咳嗽、喉咙痛，且其良好的风味口感，广受男女老少的支持。口味多样且丰富，除了传统的黑糖肉桂风味之外，蜂蜜梅子风味也在女性顾客群中有很高的人气。方便携带的随手包装也相当受欢迎。

チョコラＢＢルーセントＣ
Chocola BB Lucent C
エーザイ株式会社
¥ 1 831 日元 /60 锭、3 065 日元 /120 锭、4 093 日元 /180 锭

拥有 60 年出售历史的 Chocola BB 系列商品，能够试图改善皮肤暗沉与雀斑。维他命 C 和左旋半胱氨酸 (L-Cysteine) 将表皮下的黑色素无色化，并且透过丰富的维他命 B 群将肌肤代谢正常化。里面也含有能够促进黑色素排出与血气通顺的维他命 E100mg。

TOP 10
食品

文明堂蜂蜜蛋糕

🏠 三越前的文明堂本店、各大百货、成田、羽田机场和东京车站

💴 B1 号（最小盒的）：1601 日元

🌐 www.bunmeido.co.jp

在 15 世纪末由西方传入的蛋糕，在日本顺着日本人的想象发展，成为今天蜂蜜蛋糕的原型。文明堂的蜂蜜蛋糕传承了制作传统，细选各地材料，口感纤细湿润，蜂蜜与和三盆糖的滋味清香而甜蜜。

蒙布朗

🏠 东京都目黑区自由が丘 1-29-3 MONT BLANC

💴 620 日元 / 个

🌐 www.montblanc.jp

据说结合日本口味与西洋做法的栗子蛋糕蒙布朗，便是发源于此。海绵蛋糕包入栗子，加入鲜奶油，并以黄色奶油勾镂出细致线条；承袭 80 年前的做法制作出来的蛋糕，甜蜜之中还带有淡淡的怀旧味道。

◎ PIERRE MARCOLINI 盒装巧克力

🏠 银座本店、东京车站 B1、羽田机场第二航站楼

💴 6 入 1 890 日元

🌐 www. marcolini. be

　　年轻的比利时天才巧克力师 PIERRE MARCOLINI 的同名 Chocolatier，从独家严选的特级可可豆开始，融合法式与比利时式两种不同做法。雅致黑盒中的一颗颗巧克力，有着独一无二的馥郁香气和丝滑口感，能感受到巧克力才有的幸福滋味。

◎ 虎屋最中

🏠 赤阪、银座、日本桥、TOKYO MIDTOWN 等地有直营店，另外在各大百货和羽田、成田机场也有贩售

💴 210 日元 / 个

🌐 www. torayagroup. co. jp

　　分店开到法国的虎屋于 1520 年创业于京都，为宫廷御用的果子铺，之后随着政治中心转移至东京，也成为东京代表的和果子店。粉红、白、黑三色的虎屋最中细选材料，在最中外层的口感和内馅配搭上相当细腻，是虎屋的招牌点心。

◎ Pierre Hermé's PARIS 伊思法罕

🏠 青山本店、新宿伊势丹、涉谷和池袋西武、日本桥三越、东京站大丸

💴 约 850 日元

🌐 www. pierreherme. co. jp

　　巴黎甜点大师 Pierre Hermé's 在东京也开设有分店，如果没能去巴黎，在这里也能品尝到大师的成名作品——华丽而充满创意的伊思法罕：由粉红色系的玫瑰、覆盆子和荔枝，配搭出细腻巧妙的马卡龙新滋味。

蓬莱 551 包子

- 难波、梅田、大阪各大百货、车站等皆有直营店
- 肉包 2 个 320 日元、叉烧包 2 个 400 日元
- www.551horai.co.jp

关西到处都有分店的蓬莱 551 包子总店位于难波，超人气的包子一天可以卖出 14 万个，可见大阪人对它的喜爱。包子内馅多且加了洋葱，因此十分香甜，面皮也是嚼劲十足。

八ッ桥

- 在祇园、岚山、清水、三条通等热门景点的名产店家或自家分店均有贩卖
- 井筒八桥盒装 48 枚 630 日元
- 井筒八桥 www.yatsuhashi.co.jp、本家西尾八桥 www.8284.co.jp、圣护院 www.shogoin.co.jp

软薄带着肉桂香气的三角形外皮，裹进各种内馅的八桥，是京都独有也是最具代表性的日式点心。知名店家，如圣护院、本家西尾八桥、井筒八桥等，各有拥护者，在二年坂、三年坂一带都有店，可以试吃比较后再购买。

◎ 薯条三兄弟

🏠 各大观光景点、新千岁空港

💴 一包800日元（税前）

超热卖的薯条三兄弟就是由POTATO FARM所生产，香脆扎实的口感和浓浓的马铃薯香气，令不少人大赞比现炸的还好吃！另外，いも子とこぶ太郎的酥脆薄洋芋片，还有期间限定的薯块三姊妹也十分美味。

◎ 汤咖喱调理包

🏠 各大超市、新千岁空港

💴 价格不一

北海道的汤咖喱口味丰富、香气十足，想要打包回家的话，在机场与土特产店有许多种类可供挑选，有些只推出香料及汤包，有些里面则附加马铃薯、红萝卜等蔬菜，还会有一个整鸡腿。

◎ 二〇加煎饼

🏠 东云堂、各大车站、机场皆可买到

💴 4盒（一盒三枚）540日元

以福冈古代的艺能人所戴的面具"垂目"为形状的二〇加煎饼，吃起来香脆爽口，还能拍照搞笑，一直是年轻人伴手礼的首选！

17

TOP 5
母婴用品

チルミル
CHILMIL 成长奶粉
森永乳业株式会社

¥ 2 268 日元

健康补给奶粉,可加强满 9 个月后的婴儿容易缺乏的铁质等营养。添加发育过程中极重要的乳铁蛋白和 DHA。

エビオス錠 爱表斯锭
アサヒフードアンドヘルスケア株式会社

¥ 940 日元 / 瓶装 600 锭、1 728 日元 / 瓶装 1200 锭、2 678 日元 / 瓶装 2 000 锭、594 日元 / 袋装 300 锭、1 404 日元 / 袋装 900 锭

天然营养酵母(啤酒酵母)的力量能加强并活化衰弱的肠胃蠕动。营养丰富且能补充维他命 B 群及膳食纤维,适合孕妇及 5 岁以上儿童做营养补给。此为日本知名的朝日啤酒,长期对制造啤酒时所使用的啤酒酵母进行研究之后得到成果而诞生的商品。今年迈入 85 周年。

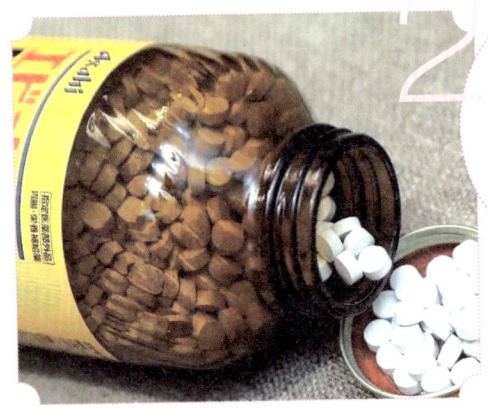

第一三共胃肠薬〔细粒〕a
第一三共胃肠药［细粒］a
第一三共ヘルスケア株式会社

¥ 756 日元 /12 包、1 566 日元 /32 包、
2 538 日元 /60 包

第一三共胃肠药是自 1957 年发售以来一直守护日本人肠胃的长期畅销品牌。加入独创的消化酵素 Takadiastase N1，并添加脂肪消化酵素、9 种生药成分。饮食过量、消化不良时的好选择。采分包型，一家人（3 岁以上）皆可服用。

明治ステップ らくらくキューブ
明治乐乐 Q 贝方块奶粉
株式会社 明治

¥ 1 625 日元 /16 袋（1 袋 5 块）

明治乐乐 Q 贝方块奶粉直接将明治奶粉制作成方块状，携带方便，轻轻松松就可冲泡，时间匆忙或是出门在外都很方便。除了可补充幼儿成长所需的铁、钙之外，也含有 15 种维他命、矿物质及 DHA，适合 1～3 岁的儿童饮用。

新ルルＡゴールド DX
新 LuLu A Gold DX
第一三共ヘルスケア株式会社

¥ 1 080 日元 /30 锭、1 836 日元 /60 锭、2 376 日元 /90 锭

LuLu 自 1951 年发售以来一直照料着日本家庭中感冒的成员。新 LuLu A Gold DX 是添加了 9 种有效成分的 LuLu A 系列中的最顶级处方。适合在喉咙痛、鼻水鼻塞时服用。特点是白色小颗粒糖衣锭，从儿童（7 岁以上）到大人皆可服用。LuLu A Gold DX 为日本限定贩售。

各地特色伴手礼

东京
大阪·京都·神户
北海道
九州

东京伴手礼

邮局限定商品

一家小小的东京中央邮局从早到晚都挤满了人,为的正是那些不断推陈出新的东京中央邮局限定商品。来到店内,只见架上的商品从资料夹、信纸、明信片到吊饰、纸胶带,全都印上了"限定"字样抑或是古典的东京车站图案,看着眼前这么多特色的商品,一定要选上一两件作为纪念。

🏠 东京千代田区丸の内2-7-2KITTE 1F
💴 纸胶带401日元
🌐 www.post.japanpost.jp

歌舞伎周边商品

由松竹直营的歌舞伎周边商品专卖店落脚在Character Street,歌舞伎服装精致、装容华丽的强烈风格完整呈现在商品上,多样色彩与夸张生动的表情、动作让每样商品都很有戏,更为吸睛的还有与史努比、GACHAPIN&MUKKU等可爱角色合作推出的联名商品,和风中别具个性,相当适合作为伴手礼。

🏠 东京Character Street内
🌐 kabukiyahonpo.com

和洋文具

鸠居堂为一家日式文具老铺,起源于江户时代,商品包含线香、文房四宝、书画用品、信封信纸、各种和纸以及工艺品等,全带有日式的典雅感。店里不仅有老派的东西,还有小物和选用不同纸材制作的明信片,都是一些可爱而不落俗套的设计。如果想挑选明信片或找些带有日本风味的小礼物送人,这里会是不错的选择。

🏠 东京中央区银座 5-7-4
🌐 www.kyukyodo.co.jp

眼镜

alook 是高质量与合理价格的眼镜专卖店,强调眼镜不该只有一副,而是要跟随季节流行替换,alook 每月都会推出能搭配该季服饰的时尚眼镜,造型洗练且色彩丰富,价格只有 4 种,让眼镜也能取代隐形眼镜而成为流行文化之美学表率。

🏠 东京新宿区新宿 3-29-10
💴 5 400 日元、8 640 日元、10 800 日元、12960 日元
🌐 www.alook.jp

KITTY

所有喜欢 KITTY 的人来到这应该会无法克制自己的购物欲望,一只超大型的 KITTY 就站在门口欢迎你,不要怀疑 Gift Gate 就是 KITTY 的直营店,店内充满了梦幻卡通色调,所有三丽鸥家族的商品通通都可以在此一次购足。

🏠 东京新宿区新宿 3-15-11
🌐 www.sanrio.co.jp

东京玉子

　　日文的"玉子"就是"蛋"的意思。迷你可爱的东京蛋有用白巧克力做成的蛋壳，咬开后里头是一层薄薄的蛋糕、传统香浓的黑芝麻内馅和中间包裹的甜甜芝麻酱，和洋混合的多重口感中，带着浓浓日本味。

🏠 在银座的たまや（Tamaya）本店、大丸东京店、东京车站和成田、羽田机场。

💴 8入700日元

🌐 www.Tokyotamago.com

东京芭奈奈

　　东京芭奈奈的经典款香蕉蛋糕，有着松软蛋糕体和香浓香蕉鲜奶油内馅，在闯下名号后，又以黑色巧克力香蕉蛋糕颠覆传统印象。新推出的黑白两色的香蕉口味饼干アイとサチ，有薄脆巧克力饼干配上香蕉口味夹心，可爱讨喜。

🏠 东京车站、各大车站、羽田、成田机场

💴 8入580日元

🌐 www.tokyobanana.jp

浅草人形烧

　　以老铺木村家本铺为元祖，从明治时代初期开始就是大家来此必尝的浅草名物点心。木村家本铺有雷门灯笼、五重塔、鸽子等充满浅草气氛的造型，其他各家也有七福神、狸猫、香鱼等图案，内馅则分红豆或原味。

🏠 浅草仲见世通、各名产店

💴 10入约800~1100日元，依店家而定

大阪京都神户伴手礼
环球影城限定商品
蜘蛛人、芝麻街里可爱的 ELMO 和大鸟、史努比、HELLO KITTY 等环球影城旗下的荧幕明星，除了可以在影城内找到他们的身影，更可以在影城的商店中找到各式各样超级可爱的限定商品。

🏠 环球影城商店

💴 蜘蛛人泡面3碗980日元

🌐 www.ucw.co.jp

大阪风搞笑商品
从章鱼烧头的 Hello Kitty 和小熊、glico 和食倒太郎的吊饰、搞笑必备的纸折扇和意味不明的搞笑T恤，在搞笑艺人之都大阪，令人发噱的怪道具应有尽有，不妨一起开怀大笑一下吧！

🏠 各名产店

💴 依商品而定

Yojiya 美妆小物
白脸娃娃 yojiya 是过去艺妓爱用的品牌，也是京都最具代表性的无添加传统美妆保养品。添加金箔的吸油面纸是长年热销的经典品项，另外也有纯植物性的香皂、彩妆用品、乳液等，最近的热门商品则是日本相当火红的洗脸蒟蒻球。

🏠 四条通、祇园、金阁寺、银阁寺、清水、岚山、JR京都站、J机场等。

💴 五条吸油面纸5册1 700日元、蒟蒻球470日元

🌐 www.yojiya.co.jp

御守

只要是神社几乎间间都有特别设计的御守,各式图案和五花八门的保佑,让御守成为很受欢迎的特别小礼物。京都特别有人气的包括清水寺下地主神社的恋爱御守、安井金比罗宫的恶缘切御守、晴明神社的厄除守等。

🏠 各大神社
💴 安井金比罗宫的恶缘切御守 500 日元

七味唐辛子

将辣椒加上芥子、陈皮、胡麻、山椒、紫苏、青海苔、生姜等原料拌炒而成的调味料,辛香调和不辣,适合加入凉面、拉面和牛肉饭等日式料理。七味唐辛子虽非京都特产,但位于三年坂与清水坂交叉口的七味家是日本三大七味唐辛子之一,值得一试。

🏠 高岛屋、大丸、JR 京都伊势丹、JR 京都站附近等皆有直营店
💴 七味小袋装 420 日元
🌐 www.shichimiya.co.jp

日本茶

日本茶源起于京都宇治,加上宫廷与茶道文化的发展,使得京都拥有特别多茶铺与茶屋。不论宇治或是京都御所周围都有百年以上的老茶铺,而抹茶口味的饼干点心和名称浪漫的日本茶叶,都相当适合作为伴手礼物。

🏠 一保堂茶铺、伊藤久右卫门等老茶铺,可参考京都府茶协同组合网站
💴 抹茶 20g 罐装约 1 050 日元起
🌐 京都府茶协同组合 www.kyocha.or.jp、一保堂茶铺 www.ippodo-tea.co.jp、伊藤久右卫门 www.rakuten.co.jp/itohkyuemon

香及香道用品

创业超过 400 年的国宝级老铺薰玉堂，致力于香道的普及与推广，在总店的三楼设有开辟了以一般人为对象的香道体验教室。这个香道体验教室不仅是京都、就连在日本也相当罕见，进行闻香游戏之前，还另有 30 分钟的香道历史简介。

- 京都府京都市下京区堀川通西本愿寺前
- 香道体验每人 2 500 日元（附抹茶与和果子）

龟屋良长

和果子体验须事先以电话预约被誉为"京果子名门"的龟屋良长，创业时的名果"乌羽玉"至今已有 200 年以上的历史。使用日本最南端波间岛产的黑糖，尝起来表层甘甜还有深蕴的糖香，内馅绵密扎实，风味典雅。

- 京都市下京区四条通油小路西入柏屋町 17-19
- 乌羽玉 6 入 473 日元；和果子体验：2 种共 4 个 2 100 日元
- kameyayoshinaga.com

京都陶瓷

清水寺门前的朝日堂是创建于明治二年（1869 年）的清水烧老铺，宽广的两层店面内收集了琳琅满目的清水烧食器，其中不乏做工细致的名家之作，也有铁器、漆器和其他地方的陶器等艺品。隔壁的朝日陶庵也是隶属朝日堂的店家，里面以年轻陶艺家的作品为主。

- 京都市东山区清 1-280
- www.asahido.co.jp

北海道伴手礼

熊出没注意
　　北海道以未受污染的大自然自豪,浓密的原始森林里真的有许多棕熊出没,被目击到出现在马路旁也是时有所闻,"熊出没注意"就是由此而来的警语。黄底黑熊的图案还做成T恤、贴纸、手提袋、泡面等,颇能博君一笑。

🏠 **各大观光景点、新千岁空港**
💴 **依商品而定**

六花亭
　　来自北海道十胜的六花亭,已是众所周知的北海道点心代表品牌,美味的点心配上美丽的包装,可说是最佳伴手礼。最值得推荐的3种人气商品,即奶油卡布奇诺饼干、葡萄干奶油饼干以及雪やこんこ。其中,葡萄干奶油饼干最为热卖,喜欢巧克力的人则向其推荐雪やこんこ。

🏠 **带广本店、小樽运河店、新千岁空港等,各观光区皆有分店**
💴 **葡萄干奶油饼干 1 150日元/10个入**

北果楼
　　北果楼超美味的泡芙是必吃名物,但若是要带伴手礼回家,则是北海道开拓米果与年轮蛋糕妖精之森。前者从磨米、蒸煮、油炸到调味,需要耗时7天才能完成,口味则为秋鲑、扇贝、甜虾等海味,每一种都越吃越顺口;后者松软香甜,让人一试就爱上。

🏠 **砂川本店、小樽本馆、新千岁空港、各大百货公司等**
💴 **北之梦泡芙160日元、年轮蛋糕妖精之森 1 131日元起**

PURE JELLY

HORI 生产的 PURE JELLY，不只闻起来有浓郁的哈密瓜香气，连吃起来也像在吃真的哈密瓜一般，一口吃下去便感到无比幸福。

- 各大观光景点、新千岁空港
- 80g*3 入 540 日元
- www. e-hori.com

小樽玻璃八音盒

小樽晶莹剔透的玻璃制品是不可错过的美丽艺品，从杯盘到精巧的小饰品应有尽有。此外，在小樽还可以亲自制作八音盒，可自选造型及音乐，留下旅途的美好回忆。

- 小樽北一硝子、小樽八音盒堂本馆、各观光景点、机场
- 依商品而定

登别鬼商品

登别温泉街上充满大大小小的"鬼怪"造型雕像，而各型各色的鬼怪周边商品也超有特色，来到登别绝对不能错过。

- 登别的各纪念品店
- 依商品而定

九州伴手礼

吉祥物商品
每个县都会有自己的吉祥物,可爱吉祥物的周边商品更是让人疯狂,尤其是熊本县的熊本熊,更是风靡大街小巷,数量更是多到数不胜数!

🏠 **各大观光景点、车站、机场皆可买到**
💴 **依商品而定**

萨摩切子
这是鹿儿岛最具代表性的工艺品,将西洋传统玻璃技艺结合中国清朝传来的制法,以晕染呈现朦胧美感,与其说是生活用品,倒不如说是华丽绚烂的美术品。

🏠 **各大观光景点、车站、机场皆可买到**
💴 **依商品而定**

观光列车小物
九州有许多观光列车,每一台车都极具特色,且车上都有贩卖相关产品,搭乘列车时不妨买个小东西留作纪念。

🏠 **各车站、列车上**
💴 **依商品而定**

小鸡和果子 ひよ子

可爱的小鸡和果子 ひよ子，单凭烤成美丽黄褐色的外皮和独特的小鸡造型，就迷倒无数游客。小鸡和果子的"正体"是日式馒头，内馅略甜的白凤豆沙，配上焦香外皮，甜香四溢，搭配日本茶正合适。

🏠 ひよ子本舗吉野堂、各大车站、机场皆可买到
💰 5个入 605日元

明太子

明太子指的是以鳕鱼卵制作的腌渍品，是博多最具代表性的特产之一，是将新鲜鳕鱼卵用盐腌渍加入各家独特酱汁，并以辣椒粉调味，吃起来咸咸辣辣，还可尝到口感十足的鱼卵颗粒。

🏠 味の明太子ふくや、福さ屋等名店品牌众多，各大车站、机场皆可买到
💰 依店家不同，小盒约1 080日元起

芋烧酎

在鹿儿岛提到烧酎指的都是芋烧酎。相传，鹿儿岛是全日本烧酎的发源地，由于气候温暖、土壤肥沃，芋烧酎的原料"地瓜"更盛产于鹿儿岛，全县就有50余家酒藏，爱酒人士不妨一试这正宗烧酎。

🏠 各大观光景点、超市、车站、机场皆可买到
💰 雾岛 720mL：1 076日元

长崎蛋糕

最经典的长崎蛋糕就是大家熟悉的蜂蜜蛋糕，在长崎市区随处都可以看到，入口有浓浓鸡蛋香，最大特色是底部可以尝到颗粒口感的砂糖，喜爱甜食的人绝对不能错过。

🏠 松翁轩、福砂屋等名店品牌众多，各大车站、机场皆可买到
💰 松翁轩长崎蛋糕0.5号1条864日元

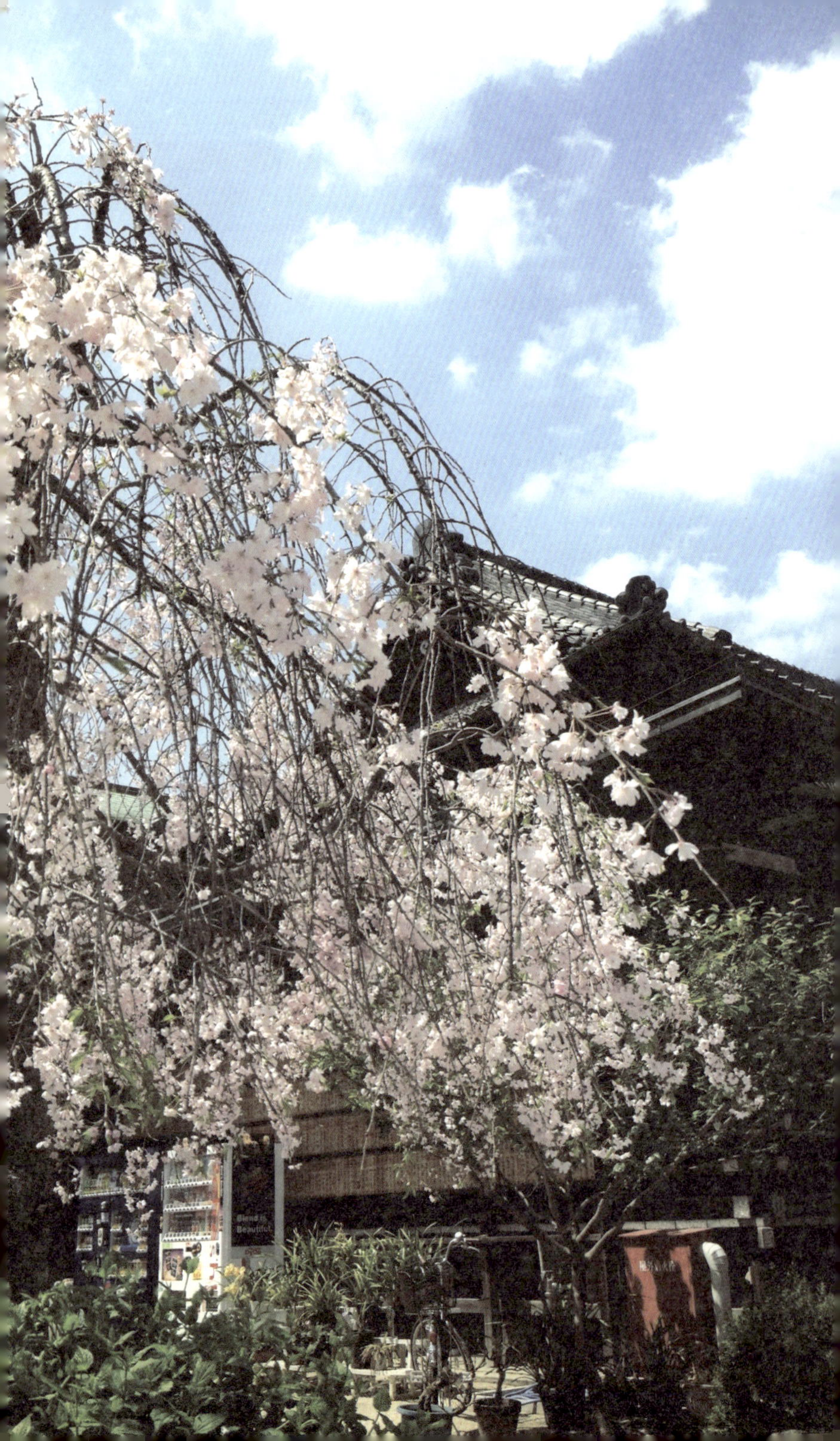
Blend is
Beautiful

Chapter 2
日本购物游前
必做的功课

- 32 日本入境手续
- 34 日本购物如何退税
- 36 免税店都分布在哪
- 39 日本的打折季是什么时候
- 39 在日本如何使用金融卡
- 40 日本购物常用词汇
- 41 你该知道的日本其他知识
- 43 旅游救助必备电话与网站

日本入境手续

所有入境日本的外国人都须填写入出境表格和行李申报单。如果自由行游客在出发前没有拿到旅行社发放的表格，飞机上空服员会主动发放，也可主动向空服员询问索取，并尽可能在飞机上填写完成。每一个空格都须填写，以免耽误入关时间。

◎ 1. 外国人入境记录填写内容

- （1）中文姓氏（注：填写护照上的姓氏）
- （2）中文名字（注：填写护照上的名字）
- （3）英文姓氏（注：填写护照上的英文姓氏）
- （4）英文名字（注：填写护照上的英文名字）
- （5）国籍
- （6）出生年月日（注：填写公元年号）
- （7）性别（以圈选方式填写）
- （8）目前国内居住地（只需填写国名与都市名）
- （9）职业（请以英文或日文填写）
- （10）护照号码（注：填写护照上的号码）
- （11）搭乘班机编号
- （12）搭乘班机地点
- （13）入境目的（请勾选最左边的观光，如非观光目的前往须持有签证）
- （14）日本停留预定时间（请填写预定停留的天数、月数、年数）
- （15）日本的联络处（请填写入住酒店名称及电话）

◎ 2. 外国人出境记录填写内容

- （1）中文姓氏
- （2）中文名字
- （3）英文姓氏
- （4）英文名字
- （5）国籍
- （6）出生年月日（注：填写公元年号）
- （7）外国人登录证明书号码（游客无须填写）
- （8）回程班机编号
- （9）回程班机降落地点
- （10）签名（中英文皆可）

◎ 3. 入出境表格背面填写方式

- （1）请问你是否曾被日本政府拒绝入境？（填写右方格：没有）
- （2）请问你是否在日本或其他国家因刑事案件被判决有罪？（填写右方格：没有）
- （3）请问你现在是否携带了毒品、大麻或各种管制药物，或者携带了枪、械、刀、剑或火药？（填写右方格：没有）
- （4）请问你现在携带了多少现金？（正确填写身上现金的金额并圈选正确币值）
- （5）签名
- （6）签署入境当天日期

日本购物如何退税

在日本购物后要怎么退税？听说很麻烦。这是最近赴日旅游的人最常说的一句话。伴随着对外国人的免税新政策施行，原本只有电器、服饰能够退税，如今连食品、药妆也列入了免费范围。想弄懂新的退税机制，只要把握以下几个原则就没有错。

◎ 原制不变

以往的退税范围只有百货服饰、家电用品等一般品，并于同一天在同一家店里买满 10 000 日元以上，便可享受退税服务。新税制上路后，这类商品仍然维持原来的规定不更动。

◎ 新制主要在食品、药妆

新制主要在食品、饮料、化妆品、药品、烟酒等消耗品，只要同一天在同一家店买 5 000 日元以上即可享受退税，免税额在 50 万日元之内。

◎ 不可在日本境内拆封

享受新制退税后的消耗品不可在日本使用（食用）。为防止退税后物品在日本被打开，购物退税后物品会被装入专用袋或箱子中，直到出境后才能打开。若是在日本就打开，出境时会被追加回税金，需特别注意。（原旧制的家电、服饰等一般品不在此限）

◎ 液体要放托运

原则上所有免税商品都需要在出境时带在身边让海关检查，但如果买了酒、

饮料等液态食品，或是化妆水、乳液等保养品不能带入机舱，必须要放入托运行李中时，可在结账退税时请店员分开包装，但切记装入行李箱时一样不可打开包装袋或箱子，以免税金被追讨。

◎ **认明退税标章**

旧制的百货、电器等在各大商场、百货可于退税柜台办理；而新制则是在付款时便出示护照办理。可以退税的店家会张贴退税标章，若不确定可口头询问是否有退税服务。

有关新税制详细规定见官网：
🌐 tax-freeshop.jnto.go.jp/eng/ index.php

◎ **退税流程**

※ 选购商品。

※ 同一日同家商店购买 a) 消耗品满 5 000 日元以上，b) 一般品满 10 000 日元以上。

※ 结账时表示欲享免税，并出示护照。短期停留的游客才享有退税资格。有的百货、商店有专门退税柜台，可结账后再到退税柜台办理。

※ 填写基本资料／在购买者誓约书上签名。

※ 取回商品与护照，护照上的"购买记录票"不可撕掉，出境过海关时将被海关取走。

※ 一般品可以拆箱使用，而消耗品则不可拆封(由专用袋／箱装着)，并应于出境时随身携带以利海关检查。

免税店都分布在哪

日本免税店指的是贩卖免税金或关税商品的零售商店。免税商店通常设置在国际机场、国际港口，以及当地几个热门城市的主要商场及购物街。

日本免税店，可分为机场免税店、商业区免税店和 DFS 免税店。其中日本自由一个 DFS 免税店，位于冲绳。

◎ 免税店购物必要的证件

当你在免税店购买商品时，护照（复印件也可以）、机票是必须携带的。护照是用于确认个人身份，而机票是为了确定在机场取货的时间。如果你能记住航班出发地点、出发时间、航空公司及航班号等信息的话，不必出示机票也是可以。（建议带上机票）

◎ 机场免税店

日本有 20 多个机场，其中大多数都拥有机场免税店，而且机场免税店大多是由全日空公司运行。

全日空（ANA）免税店官网

 http://www.ana.co.jp/wws/cn/c/local/ana_info/dutyfree/

其中主要介绍日本以下 3 个国际机场如下。

● **成田机场**

成田机场一号航站楼南翼

 出南翼候机楼办理出境手续后，左转第二家店

 7:30—20:30

第二候机楼：

这家 ANA DUTY FREE SHOP 聚集了 RMK、LOCCITANE、BOBBI BROWN、CHANEL、CLARINS 等人气名牌商品。

🏠 位于出北侧出境审查处，右转第二家店

🕐 7:30—21:30

● 羽田机场
TIAT DUTY FREE SHOP 南翼

🏠 （全日空商社所经营的免税店）位于出国审查出口的右手边，109 号登机口处，号门 109 的相对侧

🕐 7:30—20:30

● 关西机场
ANA DUTY FREE SHOP

🏠 关西国际机场北翼

🕐 8:00—19:00

◎ 市区免税店

日本市区免税店很多，因其店铺外均挂有"免税"或"Duty Free"招牌，所以即使是第一次来这里买东西的人也很容易辨认。以下主要介绍东京市区的免税店分布情况。

● 巴黎春天银座

巴黎春天银座是坐落在银座三丁目的西银座大街的百货商店，无论是从银座站还是有乐町站都能很方便达到的地段。在年轻职业女性中受欢迎的品牌齐全，只要来这里基本都能买到。也就是说到这里来的都是日本最时尚的日本职业女性。

🏠 银座三丁目的西银座大街的百货商店

● 银藏（Don Quijote）

新宿是人气很高的购物天堂。位处主要干道靖国大道上，马上就能看见一个大型折扣商店 Don Quijote，方便快捷。外观是日式传统建筑设计，惹人眼球。即使是在购物时间有限的情况下也可以在这高效率购物，因为我们有便捷的地理位置和精选齐全的商品。

🏠 新宿靖国大道

● 宝田无线总店

该店是 1946 年创立的秋叶原老字号电器店（免税店）。JR 秋叶原站电器街出口后步行 1 分钟后就是动漫店。该店在其旁边，招牌上印有花哨的英语，所以引人注目。

🏠 秋叶原电器街出口后步行 1 分钟

● 多庆屋家具馆别馆（Takeya）

Takeya 是名副其实的想要给所有的顾客都带去快乐的大型折扣商店。店内不管是平时还是节假日，全时间段都有很多顾客光临。令人惊讶的就是该店不像其他店一样打广告，而是仅靠口碑来聚拢顾客且回头率非常之高。

🏠 东京都台东区浅草 2 丁目 25-5

- **AKKY ONE 秋叶原店（AKKY ONE）**

  2010年6月迁居开张的AKKY ONE秋叶原店虽是一家5层楼大型卖场，但是它同时也是一家大规模的免税店。顾客有以大使馆的职员为首，还有从中国，美国等各国人士，他们都会光临本店。由于本店有着掌握三国语言（日语、英语、汉语）的员工，因此完全不用顾虑语言方面的问题。从秋叶原电器街口步行大约3分钟可以很容易找到本此店，因为它是面向中央大道的大型商场。

- **BRAND OFF 银座本店（BRAND OFF）**

  名牌折扣东京店是一家以实惠的价格提供名牌包、宝石、手表、服装等的中古店。虽说是中古店，也包括很多未使用的新品。其中爱马仕种类之多堪称日本第一。不仅价格便宜，而且服务耐心亲切，使给人高高在上印象的名牌店成为大众消费场所，因而吸引了很多回头客。

  🏠 东京都中央区银座5丁目7-2

- **松屋银座店（松屋銀座）**

  银座4丁目十字路口可以说是银座的中心，松屋百货店就在其附近，跟银座三越并肩而立。地下1、2层是很受欢迎的食品卖场。汇集了各种品质卓越的大米、蔬菜，还有酒、甜点等。

  🏠 银座4丁目十字路口

日本的打折季是什么时候

日本的大打折季是在1月和7月，每次持续约1个半月的时间，通常会折扣越打越低，但货色会愈来愈不齐全。1月因逢过年，各家百货公司和商店都会推出超值福袋。

在日本如何使用金融卡

金融卡就是ATM提款卡，其实它不只可以提款、查询余额、转账，还可以缴费、缴税，更厉害的是还能购物。带着金融卡到日本，还能享有提款和购物的多重方便。

◎ 提款五大好处

※ 汇率最透明，汇率皆以交易前一营业日台湾银行14:30牌告现金卖出汇率，安心透明不吃亏。

※ 手续费优惠，使用金融卡提领日元现钞，相较于国际信用卡的手续费节省近一半。

※ 安全又好记，使用与国内ATM提款相同的6～12位芯片密码。

※ 中文好亲切，ATM操作界面提供中文服务。

※ 不必换卡，平常在国内使用的金融卡，就可以直接带出国，不必重新申请换卡，在日本许多便利超市和合作银行即可提领日元现钞。

🌐 www.smart2pay.com.tw/japan（查询可使用的ATM设置地点）

◎ 购物三大好处

※ 免1.5%国外交易手续费，购物免收1.5%跨国交易手续费。

※ 再享2%现金反馈，免登录！购物享交易金额2%现金回馈，次月直接反馈至账户。

※ 特约商店专属好礼，金融卡与日本多家商店合作，购物满额还能获得专属精致好礼。

🌐 www.smart2pay.com.tw/japan（优惠活动详情查询网址）

❗ 出国前，请先咨询发卡银行开启跨国提款及消费扣款功能！

日本购物常用词汇

◎ 商场类

汉语	日语
化妆品卖场	化妆品売り场（けしょうひん うりば）
女装卖场	妇人服売り场（ふじん ふく うりば）
女士用品卖场	妇人小物売り场（ふじん こもの うりば）
男装卖场	绅士服売り场（しんし ふく うりば）
鞋卖场	靴売り场（くつ うりば）
体育用品卖场	スポーツ用品売り场（ようひん うりば）
童装卖场	子供服売り场（こども ふく うりば）
玩具卖场	おもちゃ売り场（うりば）
文具卖场	文法具売り场（ぶんぽうぐ うりば）
家电卖场	家电売り场（かでん うりば）
家具卖场	家具売り场（かぐ うりば）
餐具卖场	食器売り场（しょっき うりば）
食品卖场	食料売り场（しょくりょう うりば）

◎ 网购类

汉语	日语
买家	买い手
卖家	売り手
包邮	送料込み
存货	在库
购物车	ショッピングカート
网银	ネットバンク
支付宝	アリペイ
快递公司	速达会社
货到付款	着払い
发货	発送
换货	交换
退货	返品
假货	伪物

◎ 美妆类

汉语	日语
口红	ルージュ
睫毛膏	マスカラ
眉笔	アイペンシル
粉底	ファンデーション
面膜	パック

你该知道的日本其他知识

◎ 地理

位于东北亚的岛国,由四大岛:北海道、本州、四国、九州及许多小岛组成,西滨日本海、朝鲜海峡、中国东海,东临太平洋,主岛多陡峭山脉和火山,本州是最大主岛,沿海为狭窄平原。

◎ 气候

- **春天(3、4、5月)**

  气温已开始回升,但仍颇有寒意,有时仍在10℃以下,早晚温差大,需注意保暖。4月初是东京的赏樱季节,许多热门的赏樱景点在夜间还有赏夜樱的活动。

- **夏天(6、7、8月)**

  夏天闷热,30℃以上的日子很多,7月下旬~8月上旬,甚至可能超过35℃。

- **秋天(9、10、11月)**

  气候凉爽怡人,穿一件薄外套、针织毛衣即可。

- **冬天(12、1、2月)**

  冬天的气温严寒,但是偏干冷,寒流来时甚至会在0℃左右,保暖防风的衣物不可少,但市区内极少下雪。

◎ 人口

1亿2686万人(2017年1月)

◎ 语言

日语

◎ 电源

电压 100V，插头为双平脚插座。

◎ 货币

日币（￥、円）。纸钞有 1 万元、5 千元、2 千元及 1 千元，硬币则有 500 元、100 元、50 元、10 元、5 元及 1 元。

◎ 商铺营业时间

日本的一般商店街和百货公司，除了特卖期间，通常都从上午 11 点左右营业到晚间 7 ~ 8 点。

◎ 小费

在日本当地消费，无论是用餐、搭乘出租车还是住宿，都不用特别额外给小费，服务费已含在标价中。

◎ 邮政

邮筒分红、绿两色，红色寄当地邮件，绿色寄外国邮件（有些地区只有一个红色邮筒兼收）。市区主要邮局开放时间，周一至周五为 9:00—19:00，周六为 9:00—17:00。航空明信片邮费 70 日元，航空邮件邮费 90 日元（限 10 千克以下，寄住亚洲国家，不包括澳洲、新西兰，10 千克以上，每 10 千克加 60 日元）。

旅游救助必备电话与网站

◎ 救助必备电话

警察局紧急：**110**
火警、救护车：**119**
遗失物品：**03-3814-4151（东京）**
一般询问：**03-3503-8484（东京）**
日本救助专线：**0120-461-997**
京都总合观光案内所：**075-343-0548**

◎ 当地旅游信息

- **TIC 东京**
  可索取地图、住宿及观光交通等资料。
  🏠 东京都千代田区丸之内 1-8-1
  🕙 10:00—19:00
  ☎ 03-5220-7055

- **成田国际机场旅客服务中心**
  可索取地图、住宿及观光交通等资料，讲英语或中文都可以。
  🏠 成田国际机场第一航站楼 1 楼、第二航站楼 1 楼
  🕙 8:00—20:00
  ☎ 0476-30-3383、0476-34-5877

- **相关旅游网站**
  日本国家旅游局：www.welcome2japan.hk
  GO TOKYO：www.gotokyo.org/tc/

京都旅游指南：www.kyoto.travel/tw
大阪指南：www.osaka-info.jp/ch_t
欢迎光临！关西：www.kansai-japan.net/ct
中部广域观光旅游网站：www.go-centraljapan.jp/ja/
九州岛观光情报网：www.welcomekyushu.tw
有关四国：www.tourismshikoku.tw/shikoku
JR 北海道：www2.jrhokkaido.co.jp/global/chinese/index.html
JR 东日本：www.jreast.co.jp/tc
JR 西日本：www.jr-odekake.net
JR 东海：jr-central.co.jp
JR 四国：www.jr-shikoku.co.jp
JR 九州：www.jrkyushu.co.jp

◎ 信用卡挂失
- **VISA 信用卡国际服务中心**
  00531-44-0022
- **Master 信用卡国际服务中心**
  00531-11-3886
- **JCB 日本挂失专线**
  0120-794-082
- **美国运通日本挂失专线**
  03-3586-4757

Chapter 3
东京购物游
完美指南

- **46** 东京热门购物区
- **78** 边买边吃
- **86** 住在东京
- **87** 玩在东京

东京热门购物区

东京駅・丸の内

东京车站是与其他地方县市联系的交通枢纽，通往各地的新干线都由此出发，每天来往的旅客人数就超过180万人次，车站主体的文艺复兴式砖红建筑已有百年历史。丸之内则是新兴的商业办公区，以2002年9月开业的丸大楼为首，办公区域陆续转变为精致的购物商圈。东京车站与周边进行的大规模整建工程已陆续完成，购物、饮食、娱乐一次到位的车站城市"Tokyo Station City"已然成形，作为东京门户的东京车站和丸之内地区以新颖面貌，展现在世界游客眼前。

◎ 交通路线&出站信息
● 站内指南
　　JR 东日本东京駅中央线 (3F 月台)。山手线、京浜东北线、东海道本线 (2F 月台)。成田特快线 (成田エクスプレス)、总武线、横须贺线 (B5 月台)。京叶线 (B6 月台)

　　东海道新干线东京駅 (JR 东海) 东海道。山阳新干线 (3F 月台)

　　JR 东日本新干线东京駅 (JR 东日本) 东北、山形、秋田、上越、长野新干线 (3F 月台)

　　东京 Metro 东京駅丸之内线 (B2 月台)

● 周边路线指南
电车

东京 Metro 二重桥前駅千代田线

东京 Metro 大手町駅丸之内线、千代田线、东西线、半藏门线

都营地铁大手町駅三田线

东京 Metro 有乐町駅有乐町线

公交车

丸之内接驳巴士 (Marunouchi Shuttle)

　　在三菱大楼或新丸大楼搭乘巡回丸之内地区各重要景点的免费巴士，约 12～15 分钟一班车。

🕐 **每日 10:00—20:00，1 月 1 日运休。**

🌐 www.hinomaru.co.jp/metrolink/marunouchi

🚌 **路线为新丸大楼、东京产经大楼、日经大楼、经团连会馆 JA ビル、读卖新闻、邮船大楼、丸之内 MY PLAZA、东京会馆、第一生命、日比谷、新国际大楼、三菱大楼**

日本桥接驳巴士

　　在东京车站八重洲口搭乘巡回东京车站至日本桥各重要地点的免费巴士，约 10 分钟一班车。

🕐 **每日 10:00—20:00，1 月 1 日运休。**

🌐 www.hinomaru.co.jp/metrolink/nihonbashi

🚌 **路线为东京车站八重洲口、吴服桥、地铁日本桥駅、地铁三越前駅、三井记念美术馆、JR 新日本桥駅、日本桥室町一丁目、日本桥南诘、日本桥二丁目、日本桥三丁目、京桥一丁目、地铁京桥．宝町駅、八重洲驻车场入口、八重洲地下入口**

HATO BUS

　　在丸之内南口搭乘东京内定期游览巴士。

高速巴士

　　在八重洲南口搭乘前往静冈、滨松、名古屋 (1 号乘车处)；前往筑波 (2、4 号乘车处)；前往水户、日立、清里、八之岳高原 (3 号乘车处)。

夜行高速巴士

在八重洲南口搭乘前往东北的青森、八户、盛冈、羽后本庄(1-3号乘车处)；中部的丰田、名古屋、福井(1-3号乘车处)；关西的京都、大阪、难波、堺、神户(1-3号乘车处)；中国四国地方的高松、高知、广岛、松山、下关(1-3号乘车处)；关西的奈良、和歌山、伊良湖(3-4号乘车处)。

机场巴士

在八重洲南口、丸之内北口搭乘

● 出站便利通

※ 东京车站总面积加起来有3个东京巨蛋大，总共汇集了包含新干线在内的15条铁道路线，每天约有4 000余班的普通、长途、特急、寝台等列车停靠，如果能在东京车站不浪费时间地顺利转乘，你就能够称得上是东京通了。

※ KITTE、九大楼、新九大楼和三菱一号美术馆和车站有地下出口相通，下雨天也不用怕。

※ 由东京车站出发，从日本桥口、八重洲口步行往日本桥约10分钟，从丸之内南口步行往有乐町约15分钟。

八重洲口

八重洲口是非常典型的车站百货与地下商场，地面出口分为南口、北口、中央口，车站外则是鳞次栉比的商店招牌，前往日本桥、京桥地区比较快。

丸之内口

东京火车站正门面向丸之内一带是日本金融业的大本营，车站周边几乎都是办公大楼，地面出口分为南口、北口、中央口，东京Metro丸之内线出口直通丸大楼，若要前往皇居由中央口出站最便利。

东京点心乐园

- 东京驿一番街B1(八重洲中央口)
- 9:00—21:00
- www.tokyoeki-1bangai.co.jp/street/okashi

● 推荐理由
日本知名果子品牌店铺齐聚,许多只有这里才买得到的限定品。

2012年4月开业的东京点心乐园,里面齐聚日本三大点心品牌——江崎固力果、森永制果和Calbee,齐全的品项中可见全国的地域限定商品以及这里独卖的点心,还会不定期举行活动及开设期间限定店铺,吸引大小朋友在此驻足流连。

Pensta by Suica

- 东京驿八重洲南口改札内
- 03-3211-7507
- 8:00—21:00
- 枫糖饼干 580日元
- www.j-retail.jp/brand/ meihinkan-gift/info/ detail.html?id=1139

● 推荐理由
所有可爱的、限定的西瓜卡周边商品都在这里!很适合当作东京旅游的伴手礼。

如果喜欢JR东日本Suica的可爱企鹅,千万别错过东京车站内的Pensta by Suica,店里摆满了各色周边商品,从点心类的糖果、饼干到生活实用小物包包、耳机包罗万象,让人眼花缭乱。店铺的位置有点难找,它位于改札口内靠近八重洲南口一侧、Keiyo Street旁,来到东京驿千万别忘了进去逛逛。

大丸东京店

🏠 千代田区丸之内1-9-1
☎ 03-3212-8011
🕐 B1～1F 平日10:00—21:00、周末、节假日至20:00，2～11F 平日10:00—20:00、周四、五至21:00，12F 餐厅11:00—23:00，13F 餐厅11:00—24:00，1月1日休息
🌐 www.daimaru.co.jp/tokyo

● 推荐理由 ●
重新翻修后的卖场空间逛来宽阔舒服，选进的品牌虽然较高价，但质量与服务绝对是一流！

大丸百货东京店楼层整体的配置是，B1及1楼是食品区，2～6楼是针对女性的服饰商品，7～8楼是男性楼层，9楼为生活用品与童装，12～13楼为餐厅。大丸百货最受欢迎的向来是让人眼花缭乱的和食、中华、洋食便当和各种甜点。在楼层调整后，目前B1为熟食区，1楼则为各种甜品和伴手礼专区。当红的伴手礼和甜点品牌，如银的葡萄、东京芭娜娜、镰仓五郎、丰岛屋等应有尽有。

丸善丸之内本店

🏠 千代田区丸之内 1-6-4（丸之内 OAZO 1～4F）

☎ 03-5288-8881

🕘 9:00—21:00，1月1日，2月第3个周日休息

🌐 www.maruzenjunkudo.co.jp/maruzen/top.html

● **推荐理由** ●
日本最大的书店，爱书人必来逛逛，分类清楚，种类众多，最新、最齐的藏书都能在这里找到！

丸善书店在日本拥有多家店铺，而在OAZO的本店可是全日本最大的书店！店铺共4层楼高，1～3楼为日文书。由于往来丸之内的以上班族居多，因此1楼特别陈列了大量的商业与政治相关书籍，而除了书籍外，也有展览、咖啡馆、文具等相关空间。

KITTE

🏠 千代田区丸之内 2-7-2

🕘 购物 11:00—21:00，周日、节假日至 20:00；餐厅及咖啡厅 11:00—23:00，周日、节假日至 22:00

🌐 jptower-kitte.jp

● **推荐理由** ●
占地广大的特色商场，老屋新生的成功典范，来到这里逛上一整天都逛不完！

东京最受瞩目的百货商场KITTE在2013年3月21日盛大开业，改建自旧东京中央邮局的KITTE，名称取自"邮票"（切手）与"来"（来て）的日文发音，雪白外墙内是宽阔的中空三角形空间，日光从上头倾泻而下，有种难以言喻的开阔与放松感，从地下1楼到地上6楼的7个楼层间进驻近百家店铺，一开张就成为东京购物饮食必去景点。

银座·有乐町

银座是传统与创新的集结,历史悠久的和服老店和现代感十足的国际级精品名牌旗舰店共存,近年来,GAP、Forever21、H&M 和 UNIQLO 等平价品牌的进驻,也让去银座逛街的人选择性更加开阔。白天,踩着高跟鞋走在街头的白领族,成为银座时尚高贵的表征;到了晚上,穿上昂贵和服的女性,则为日本政经财界的仕绅舒缓沉重压力。在美食上,银座也延续着新旧交替的特质:隐藏于巷弄里的老店、名牌旗舰店中的高级餐厅或老牌百货公司里的美味,都不遑多让。

◎ 交通路线&出站信息

● 电车

东京 Metro 银座驿丸之内线、日比谷线、银座线

都营地铁东银座驿浅草线

东京 Metro 日比谷驿日比谷线、千代田线

都营地铁日比谷驿三田线

东京 Metro 有乐町驿有乐町线

东京 Metro 银座一丁目驿有乐町线

JR 有乐町驿山手线、京浜东北线

● 出站便利通

※ 从东京 Metro 银座驿的 A9、A10 出口出站就是银座的地标钟塔楼——和光。A6、A7、A8、A11 出口就是银座三越百货；A12、A13 出口是松屋百货。

※ 从东京 Metro 银座驿 A1 ~ A13 的出口都距银座主要的购物商业区——中央通相当近，同样聚集许多国际名牌店的晴海通则利用日比谷线，由 B1 ~ B10 出口出站较为方便，晴海通上店家包括 GUCCI、ARMANI、Dior、COACH、HERMèS 等。

※ 东京 Metro 银座一丁目驿的 8、9 号出口同样是中央通，但距地标和光较远，9 号出口则是メルサ百货 (MELSA)。

※ 都营地铁浅草线的东银座驿 3 号出口是著名的歌舞伎座。

※ 若要前往热门的有乐町百货区，从 JR 有乐町驿的中央口出站即可抵达，从日比谷口出站就是这一区最大的电器百货 Bic Camera，国际フォーラム口立即连接东京国际フォーラム (会议中心)。另外，Metro 丸之内线和日比谷线的银座站也距有乐町很近。

※ 银座至有乐町步行约 10 ~ 15 分钟，而从有乐町至丸之内、东京车站则步行约 15 分钟可达，由于大型车站的地下系统相当复杂，虽然有乐町到东京车站才一站，与其搭乘电车不如从地面漫步前往。

※ 银座距离 JR 新桥车站也是步行可达的距离，沿着中央通往 8 丁目方向前进即可。

和光本馆 WAKO

- 中央区银座 4-5-11
- 03-3562-2111
- 10:30—19:00，日本新年休息
- www.wako.co.jp

中央通与晴海通交叉口有一座钟楼，它就是老牌百货和光的本馆主建筑。和光是以贩卖日本国内外高级钟表延伸出的精品百货，塔楼上古色古香的大钟是银座的地标之一，尤其夜间开起灯光或是整点钟声响起时，更是让银座街头瞬间染上昔日的温柔情调。

松屋 MATSUYA

- 中央区银座 3-6-1
- 03-3567-1211
- 10:00—20:00，1月1日休息，不定休
- www. matsuya.com

1925 年开业的松屋也是银座百货老牌，并且和三越并列为银座最受欢迎的两间百货，尽管外观经过整修，气氛上仍维持开业初期的上质格调，传达出银座的新旧交融的华丽。地下街来自全日本的和果子和点心，也很受好评。

Apple Store

🏠 中央区银座 3-5-12
📞 03-5159-8200
🕙 10:00—21:00
🌐 www.apple.com/jp

中央通上的 Apple Store 是 Apple 的直营店，全东京就只有银座和涩谷两家，在这里可以随意试听、试用苹果所出品的各项商品，从 iPhone 到 iWatch，各种最新款的机型都可以任意试用，周边配件也能找到。如果有需要，店员会亲切的协助，也有会说英文的店员。

银座三越

🏠 中央区银座 4-6-16
📞 03-3562-1111
🕙 10:30—20:00，9～12F 餐厅 11:00—23:00
🌐 mitsukoshi.mistore.jp/store/ginza

银座是个名牌精品大集合的区域，更是大型百货公司的竞技场。银座三越特别针对成熟女性顾客群提出了一种三越 STYLE，和许多品牌合作推出三越限定或是三越先发行的款式。例如，深受日本女性欢迎的 Marc by Marc Jacobs 就只在三越有设配件专柜。

UNIQLO 银座店

🏠 中央区银座 6-9-5
📞 03-6252-5181
🕐 11:00—21:00
🌐 www.uniqlo.com/jp/store_news/store.php?poi=10101397

　　大家对于 UNIQLO 一定不陌生，若想找最齐全的商品来银座店准没错，占地 12 层楼的世界最大级旗舰店相当具有设计感与现代感，进入店内仿佛来到时尚伸展台前般，玻璃橱窗内模特儿展示着最新流行款，两侧则各色服饰一字排开，全店从男装、女装到家居服一应俱全，11 楼还有一整层的 UT 商品，男女生都可用最平实的价格买到喜欢的衣服。虽然国内已经有多家分店，但打折季和特价商品还是这里比较便宜。

GU

🏠 中央区银座 5-7-7
📞 03-6255-6141
🕐 11:00—21:00
🌐 www.gu-japan.com

　　日本国民服饰 UNIQLO 的副牌 GU，以超亲民的价格抢攻银座高级时装激战地段，约 250 平方米的超大店面共分为 5 个楼层，1～3 楼为女性服装、4 楼贩售男女运动服饰、5 楼则是男性商品专区。如果喜欢 UNIQLO 提供的快速时尚，那在这里也一定可以找到属于自己的平价流行穿搭。

银座 Velvia 馆

- 中央区银座 2-4-6
- 购物 11:00—21:00，餐厅 11:00—23:30（依店铺而异），不定休
- 31urban.jp/institution.php?iid=0005

邻近名牌齐聚的银座 Velvia 馆是以生活风格为主题、汇集国内外品牌旗舰店的高格调精品百货。宽敞舒适的空间里，有服装、餐厅、设计商店，也有特别针对男性需求，规划出男装、男用配件等的店家空间，希望塑造出男生也能轻松前往的逛街去处。

MELSA Ginza2

- 中央区银座 2-7-18
- 03-3567-2131
- 11:00—20:00
- ginza2.marronniergate.com

建筑外观种满了植栽的 MELSA Ginza2，在银座中央通上看来特别醒目，和其他百货公司相比，算是比较小巧精致，但挑选的品牌和商品却丝毫不逊色，整栋楼都以女性为诉求，3 楼一整层全是美容相关专柜，逛累了可以在此做个按摩。

MIKIMOTO Ginza2

🏠 中央区银座 2-4-12
☎ 03-3535-4611
🕚 11:00—19:00（依月份而异）
🌐 www.mikimoto.com/jp/stores/direct/ginza2.htm

　　MIKIMOTO 就是大名鼎鼎的御木本珍珠，以独门的珍珠养殖闻名，同时也是举世知名的高级珍珠饰品店，银座就有两家店铺，并木通的分店强调年轻族群的设计质感，深受粉领族们的喜爱，楼上也有浪漫餐厅。纯白色的建筑是由日本建筑师伊东丰雄所打造，白色缕空的建筑仿如海中采集珍珠时的气泡，让人印象深刻。

SHISEIDO THE GINZA

🏠 中央区银座 7-8-10
☎ 03-3571-7735
🕚 11:00—20:00 不定休，12 月 31 日至次年 1 月 2 日休息
🌐 stg.shiseido.co.jp

　　拥有 3 层楼店面的 SHISEIDO THE GINZA 总面积约为 250 平方米，其旗下超过 60 个品牌皆齐聚于此，1 楼的购物空间 BEAUTY MARCHE（美丽超市），根据类别摆放的商品及试用品让女性可轻松挑选适合自己的化妆品，2 楼则有美发沙龙及专业化妆师帮你打造最完美的造型及妆容，3 楼则是女性专用沙龙，全方位的美容提案让每个人都能遇见更美好的自己。

TIFFANY & Co.

- 中央区银座 2-7-17
- 03-5250-2900
- 10:30—20:00，不定休
- www.tiffany.co.jp

位于中央通上的 TIFFANY& Co. 是日本总店，规模相当于纽约总店，外观设计仿佛一个包起来的礼物盒，灿烂且充满幸福感。店内的美丽珠宝让人目眩，商品的种类也十分齐全，经常可以看到甜蜜情侣一同挑选礼物，相互馈赠。

Dior

- 中央区银座 5-6-1
- 03-5537-8333
- 11:00—20:00
- www.dior.com/home/jp

2004 年 10 月开业的 Dior 银座晴海通店可算是相当有远见的品牌，即使许多名牌旗舰店在银座陆续开业，也无损其时尚感，由日本女建筑师干久美子设计，以白色为基调的建筑大楼上还有一颗象征品牌的星星闪烁着，到了夜晚建筑所散发出的光芒更与其呼应。2012 年重新改装时请来国际级建筑大师 Peter Marino 操刀设计，历史氛围的装饰中摆设着现代风格家具，融合了法国传统与现代美感。

GAP

- 中央区银座 4-2-11
- 03-5524-8777
- 11:00—21:00，周末节假日 10:00—21:00
- www.gap.co.jp

GAP 在日本规模最大的旗舰店就位于银座。并木通与宇晴海通的交叉口旁，简洁洗练的外观设计相当具有现代感，4 层楼的店铺总面积约 1 500 平方米，男女流行服饰与 GapKids、BabyGap、GapBody、Personal Care 系列一应俱全，GAP 品牌爱好者千万别错过。

Giorgio Armani

- 中央区银座 5-5-4
- 03-6274-7001
- 11:00—20:00，Armani 水疗 11:00—22:00，Armani RISTORANTE 11:00—23:00
- www.armani.com/jp

华灯初上，银座的 Giorgio Armani 大楼仿佛被竹林所包覆，特别设计过的竹叶灯饰，成了 Giorgio Armani 融入和风精神的完美印象。2007 年 11 月开业的概念店内，除了全系列的商品还在 5 楼进驻了世界第一家 Armani 水疗，而 10 楼的餐厅 Armani RISTORANTE 以正宗意大利料理为主。

DOLCE & GABBANA

- 中央区银座 5-4-9
- 03-3569-0610
- 11:00—20:00，日本新年休息
- www.dolcegabbana.com

意大利米兰的名牌 DOLCE & GABBANA 选择在银座开设日本旗舰店。地下一层、地面两层的空间里，有男女服装饰品，以及旗下深受名人欢迎的腕表系列。意大利的浪漫与流行透过服饰一览无遗。

鸠居堂

- 中央区银座 5-7-4
- 03-3571-4429
- 10:00—19:00、周日节假日 11:00—19:00，1月1～3日休息，不定休
- www.kyukyodo.co.jp

● 推荐理由
银座的代表性老文具铺，不管是什么商品都带点日本风格，自用或是伴手礼都超适合。

  鸠居堂为一家日式文具老铺，起源于江户时代，商品包含线香、文房四宝、书画用品、信封信纸、各种和纸以及工艺品等，全带有日式的典雅感。店里不仅只有老派的东西，还有小物和选用不同纸材制作的明信片，都是一些可爱而不落俗套的设计。如果想挑选明信片或找些带有日本风味的小礼物送人，这里会是不错的选择。

MUJI 有乐町

- 千代田区丸之内 3-8-3 インフォス 1～3F
- 03-5208-8241
- 10:00—21:00
- www.muji.com/jp/

  走近 MUJI（无印良品）的有乐町旗舰店，街旁如市集般地摆放着新鲜、别致的盆栽，细细端看，绿叶、花瓣上还沾有刚被浇淋的水珠，随着太阳的现身，明亮光线和花良品的植栽为早晨带来朝气。搭上手扶梯，无印良品特别打造的概念屋木之家映入眼帘，极简、朴实的风格百看不厌。无印良品位于有乐町的旗舰店，为其在日本的最大店面，于 2011 年 9 月整装开业。除了原本颇受好评的木之家、Meal MUJI 有些许调整，新增加的 ATELIER MUJI 和无印的最新情报中心等，都让旗舰店的概念更加完整。

秋叶原

　　秋叶原是东京最知名的电器通信街，几乎所有的电子相关与信息产品都可在这里找到，主推电玩影音软硬件及动画周边商品。相较于其他大型电器连锁店较偏重最新机种的折扣，秋叶原的店家反而给退到二线的产品较大幅度的优惠。而近年来更因日本晨间剧《小海女》走红，让秋叶原的偶像文化受到各界瞩目；另外，结合艺术与地方的购物设施 mAAch ecute、2k540 AKI-OKA ARTISAN 等，重新改造秋叶原的氛围，也让秋叶原摆脱动漫宅巢穴的恶名，成为一个更多元的流行发源地。

◎ 交通路线&出站信息

● 电车

JR 东日本秋叶原驛→山手线、京滨东北线、中央线・总武线

东京 Metro 秋叶原驛→日比谷线

つくばエクスプレス秋叶原驛→つくばエクスプレス(筑波特快线)

东京 Metro 末広町驛→银座线

● 出站便利通

※ 若要前往最多电器、动漫商店最热闹的中央通，从JR 电器街口出站步行约3分钟即可。会先看到像小摊子的秋叶原无料案内所，可以索取秋叶原的详细地图，地图价格随意。

※ 前往秋叶原最大电器卖场ヨドバシAkiba从东京Metro 秋叶原驛的A3出口即可抵达。

※ 要前往科技中心Akihabara Cross Field 从JR 电器街口出站即可。

※ 从中央通往末广町驛方向一路上尽是让人眼花缭乱的动漫电器大店。其实小巷弄中也隐藏着许多组装计算机配件、软件等小店。

※ 要到2k540 AKI-OKA ARTISAN，可从JR 秋叶原驛电气街口出站，沿着高架桥一直走就会看到。也可以从上野、上野御徒町驛往南走。

※ 从JR 秋叶原驛的电气街口出站往南，走到万世桥就能看到mAAch ecute。

sofmap

- 千代田区外神田 4-1-1
- 03-3253-1111
- 11:00—21:00、周六日及节假日 10:00—21:00
- www.sofmap.com Sofmap

以销售 3C 计算机、电器、动漫相关周边等商品为主，同时也有二手买卖的服务，光在秋叶原就分布有多家卖场。中央通上的大店为 Sofmap 本店，店内以娱乐性周边商品为主，尤其是最新计算机电玩软件、游戏软件等。

ヨドバシ Akiba

- 千代田区神田花冈町 1-1
- 03-5209-1010
- 9:30—22:00，8F 餐厅 11:00—23:00
- www.yodobashi-akiba.com

ヨドバシ Akiba 位于秋叶原车站出口，面积约 27 000 平方米，卖场共有 9 层楼，是日本规模最大的综合性家用电器购物中心。商品种类众多，网罗秋叶原迷最爱的商品，俨然像个小型的秋叶原。甚至设有药妆用品专区、美食餐厅、高尔夫球场。

Liberty8 号馆

- 千代田区外神田 4-7-1
- 03-5298-6167
- 11:00—20:00、周末及节假日 10:30—20:00
- www.libertykaitori.com

8 号店位于中央通快要靠近地铁末广町站附近，是一家公仔、模型专卖店。附近还有 4、5、7 号店。这家 8 号店共有 8 层楼，1 楼主要是超合金、美少女模型、机器战队等商品，2 楼则是食玩、扭蛋，3 楼是钢弹模型相关商品。

ラジオ会馆

- 千代田区外神田 1-15-16
- 约 10:00—20:00
- www.akihabararadiokaikan.co.jp

正对着秋叶原电器街出口的ラジオ会馆外观虽然有点老旧，但对许多动漫、计算机和模型爱好者来说，这里可说是寻宝殿堂，有点像是旧光华商场的8层楼空间聚集了各家小店，计算机、音响模型玩具、公仔、娃娃、同人志、漫画等商品，应有尽有，就连最知名的海洋堂也在这里设立了直营店铺。

秋叶原 GIGO

- 千代田区外神田 1-15-1
- 03-3252-7528
- 10:00—23:30
- tempo.sega.jp/am/akibagigo

由SEGA公司经营的GIGO，位于中央通和万世桥的交叉口，共有6层楼，1、2楼有许多公仔、布偶的夹娃娃机，也会针对话题新作推出新游戏机，而4楼则以钢弹游戏为主。

Imon/ Monta

- 千代田区外神田 1-9-9 内田ビル 3F
- Imon 03-5296-1900, Monta 03-5296-5861
- 10:00—21:00，周六日节假日至 20:00
- www.imon.co.jp/

　　Monta 是熟人才知道的铁道模型专卖店。同样位于 3 楼的 Imon 贩卖新品，对门的 Monta 则是收购并贩卖二手模型。小小店面里不时挤满老中青三代的铁道模型迷，对各种型号的车头、铁轨模型品头论足。

TAITO STATION

- 千代田区外神田 4-2-2
- 03-5289-8445
- 10:00—24:00
- www.taito.co.jp

　　TAITO STATION 是电玩中心，在全日本都有分店，拥有各种类型的电动游戏机，抓娃娃、赛车等。秋叶原店最特别的就是 B1 有女性的 COSPLAY 专区，可以换上衣服拍大头贴，还特别注明男性止步，总可以看到女高中生聚集于此。

GAMERS

- 千代田区外神田 1-14-7
- 03-5298-8720
- 1F 9:00—22:00、2～7F10:00—21:00
- www.gamers.co.jp

　　GAMERS 在全日本拥有将近 17 家店铺，位于秋叶原的是总店，共有 8 层楼面，最新的游戏软件、最新的漫画、动画 DVD 在这里都可以找到。其它他还包括女生漫画专区、同人志、公仔、食玩等商品，8 楼经常举办动漫相关活动，吸引了不少人气。

Tsukumo

- 千代田区外神田 1-9-7
- 03-3253-5599
- 10:00—22:00
- www.tsukumo.co.jp

　　别看 Tsukumo 的店铺杂乱无章，这里对识货的人来说，可是比金山银山还要迷人的宝库。堆积如山的二手计算机零件、荧幕、键盘，中古笔记型计算机，还有针对专业摄影器材、手机设立的卖场，只要淘到宝就是你的。

コミックとらのあな

- 千代田区外神田 4-3-1
- 0800-1004-315
- 10:00—22:00
- www.toranoana.jp

　　想到秋叶原找漫画或同人志，可别错过这家专卖店，A 馆除了一般杂志，更有丰富的同人志及外围产品，可谓同人志的殿堂。相邻的 B 馆则以清爽明亮的内装吸引女性顾客，3～4 楼是日本最大的同人游戏专区，6～7 楼则是针对女性的同人志专区。

LaOX

- 千代田区外神田 1-2-9
- 03-3253-7111
- 10:00—19:00
- www.laox.co.jp

　　LaOX 是一家大型 3C 电器和计算机专卖店，同时也提供免税服务，对外国旅客来说很方便。这家是 LaOX 总店，卖场从 1 楼到地上 7 层楼，3 楼有计算机、电子字典等商品。而 LaOX 在秋叶原也有其他动漫主题馆，值得一逛。

animate

- 千代田区外神田 4-3-2
- 03-5209-3330
- 10:00—21:00
- www.animate.co.jp

　　喜欢动漫的同好对这家店一定不陌生，总店在池袋。集合了漫画、同人志、PC GAME、漫画杂志及周边商品等，商品丰富齐全，还会推出只有这里才能买得到的 animate 封面限量版漫画！此外，入口处还可以找到最新款式的扭蛋公仔。

ASOBIT CITY

- 千代田区外神田 1-15-18
- 03-5298-3581
- 9:00—20:00
- asobitcity.laox.co.jp

　　隶属 LaOX 的大型动漫与电玩主题卖场 ASOBIT CITY，除了动漫相关的 CD、DVD、游戏、玩具、食玩、模型等种类丰富齐全的商品外，也有铁道模型等，尤其以动漫女主角的模型最受欢迎。

mAAch ecute 神田万世桥

🏠 千代田区神田须田町 1-25-4
☎ 03-3257-8910
🕐 商店 11:00—21:00(周日、节假日至 20:00);餐饮 11:00—23:00(周日、节假日至 21:00); 1912 阶梯、1935 阶梯、2013 月台 11:00—22:30(周日、节假日至 20:30),不定休
🌐 www.maach-ecute.jp

● 推荐理由 ●

老空间新玩艺,选进的生活品牌皆在水平之上,进驻的餐厅美食个个是精选,想体验新型态购物乐趣,千万不要错过这里。

在老旧的旧万世桥驿原址上,全新的购物中心 mAAch ecute 于 2013 年秋盛大开业。结合铁道与欧州拱廊商场的概念,mAAch ecute 的空间十分有趣,每家店没有明显界线而是由一个个拱门隔开,选进的店铺皆在地方上小有名气,像是 FUKUMORI 便是马喰町地区的名店。虽然转变为商场,但在这里还能见到万世桥车站遗迹,爬上建于 1912 年的阶梯,来到二楼还能看到中央线的列车从旁呼啸而过;旧万世桥驿以 mAAch ecute 的姿态重获新生,如今仍在红砖高架桥底延续百年繁华。

新宿

新宿駅是JR山手在线转乘通往四方的重要枢纽，光是进出JR车站的人每天就超过350万人次，位居JR东日本的第一大站，更遑论小田急、京王或地铁等，也通通都是年度排行第一的超级大站。由于交通便利也让新宿成为百货大店的必争之地，LUMINE、伊势丹、高岛屋、丸井等都集中在此。而在知名的风化区歌舞伎町之外，新宿车站西侧的东京都厅展望台上，可以看见华丽且免费的东京夜景，新宿御苑为都内赏樱胜地，车站南面与东面的百货群更是三天三夜都逛不完呢！此外，新宿同时也是行政中心东京都厅的所在地，更是集逛街购物、餐厅、艺术等娱乐于一身的超级景点。

◎ 交通路线＆出站信息

● 电车

JR 东日本新宿駅： 山手线(13～15号月台)、埼京线(1～2号月台)、中央本线(特急5～6号月台，中央本线7～12号月台)、中央线・总武线(中央线快速7～12号月台，各停13、16号月台)、成田特快线(成田エクスプレス，3～6号月台)、湘南新宿ライン(湘南新宿线，3～4号月台)以上JR路线均于1F、B1F月台搭乘。

另外要前往日光、鬼怒川温泉须5～6号月台搭乘东武线直通特急。

小田急电铁新宿駅： 小田原线(1F月台)

京王电铁新宿駅： 京王线(B2F月台)

都营地铁新宿駅： 新宿线(B5F月台)、大江户线(B7F月台)

东京 Metro 新宿駅： 丸之内线(B3F月台)

西武铁道新宿駅： 新宿线

湘南新宿ライン(湘南新宿线)可直通宇都宫线；2006年起从新宿可搭乘东武线直通特急(スペーシア)日光・きぬがわ前往日光、鬼怒川温泉；(スーパー)あずさ、かいじ可前往山梨县的甲府、长野县的松本

东京 Metro 新宿三丁目駅： 丸之内线、副都心线

都营地铁新宿西口駅： 大江户线

● 巴士

CH01 京王都厅循环巴士： (A号乘车处)，成人180日元，可使用都营巴士一日乘车券。

HATO BUS： 新宿駅东口1～4号乘车处、新宿駅西口30号乘车处搭乘东京都内定期游览巴士。

高速巴士： 新宿駅西口搭乘，前往津山、冈山、仓敷(27号乘车处)；前往御殿场、箱根、芦之湖(35号乘车处)；前往天理、奈良、五条、京都、宇治、枚方(50号乘车处)。

高速巴士： 新宿駅新南口搭乘，前往仙台、福岛、会津若松、草津温泉、名古屋、京都、大阪、水户等(B号乘车处)

● 出站便利通

新宿交通之错综复杂，就连迷路时询问路人，日本本地人也不一定清楚该怎么走，建议相较于复杂的地下通道，找路时最好上至地面，能够比较容易前往要去的地方。

※ JR 新宿駅西口直结小田急百货、京王百货，沿着中央通就可直接进入新宿高层建筑群，尽头则是新宿中央公园，若要前往东京都厅赏夜景，建议搭乘都营大江户线在都厅前駅下车，从A4出口最快。

※ 新宿駅西口京王百货正对面就是电器街，有最大的 Yodobashi Camera，而东口出来则可看到最新的话题 BICQLO。

※ 前往西口从JR新宿駅的西口、中央西口；京王电铁的京王百货店口、

广场口；东京 Metro 的 A10～18、B14～18 出站。

✤ JR 新宿驿东口直结 LUMINE EST 百货，前往 BICQLO、丸井百货、伊势丹百货均由东口出站。

✤ 要前往歌舞伎町从东口出站步行约需 5～7 分钟，建议搭乘西武新宿线从西武新宿驿出站或搭乘都营大江户线在新宿西口驿下车，从新宿 SUBNADE 地街 5、7 号出口出站。

✤ 前往东口从 JR 新宿驿的东口、中央东口；东京 Metro 的 A8～9、B12～13 出站。

✤ 要前往新宿御苑从新宿驿南口出站后沿着甲州街道步行约 10～12 分钟。时间不多建议搭乘东京 Metro 丸之内线在新宿御苑前驿下车从 1 号出口即达。

✤ 前往南口从 JR 新宿驿的南口、新南口出站；都营地铁的 A1 出站。

✤ 前往 MY LORD、LUMINE 百货从南口出站最快。

✤ 要前往拥有高岛屋百货、纪伊国屋书店、东急手创馆的 TIME SQUARE 直接从新南口出站最快。

UNITED ARROWS green label relaxing

- 东京都新宿区新宿 3-38-2 LUMINE 新宿店 LUMINE2 的 5F
- 03-3345-9655
- 11:00—22:00
- green-label-relaxing.tw/

推荐理由
搜罗各大品牌，精选出最适合东方人身形的时尚潮物，品项丰富，掌握东京潮流就在这里。

每次的亲临都可以有不同的新发现，也可以找到让心灵更丰富的服饰及杂货品牌。本店以"Be happy"为概念，提供可以让人寻找到活出自己的事物。提供质朴卓越的生活模式，基本又充满恰到好处的时尚设计是本店的一大特征。从男士、女士的休闲服、商务服装到童装等，商品阵容充实，丰富齐全。务必关注本店精选的NIKE 及 NEW BALANCE 等运动鞋。有些时期只有特定分店才可以买得到的特别定制款！不妨到开放感十足的店内，慢慢地享受一下购物之乐吧！除了新宿以外，在涩谷、有乐町、晴空塔、御台场等东京都内各主要地区皆设有分店，有兴趣可上网查询喔！

伊势丹 新宿店

- 新宿区新宿 3-14-1
- 03-3352-1111
- 10:30—20:00
- isetan.mistore.jp/store/shinjuku/index.html

在新宿起家的伊势丹可说是日本的流行风向标，总是在第一时间抢先引进海外人气品牌。馆内的进驻品牌向来以时尚性强、高品质为特色，像女装 Jamey、集结各国自然保养品的 BPQC 等。

小田急百货店

🏠 **新宿区西新宿 1-1-3**
☎ **03-3342-1111**
🕐 周 一 至 周 六 10:00—20:30、周日 10:00—20:00（不同店铺各异，详情请参阅网站），1月1日休息
🌐 www.odakyu-dept.co.jp/shinjuku/

● **推荐理由** ●
百货商店内不仅各样商品齐备，还有提供中文的楼面介绍可以自由索取，非常贴心。

　　小田急集团营运的小田急百货，于 1961 年创立，拥有 50 多年的历史。卖场面积共达 50 954 平方米。品种丰富多样，从食品到化妆品、衣服、药品、家庭用品、文具用品一应俱全。12 楼到 14 楼为餐厅楼层，聚集了数家高质量的料理店，在这里可以过上充实的一整天。邻接的别馆 HALC 内聚集了许多运动品牌，是平日喜爱休闲运动的人们的买物好去处，来到这里别忘了去逛逛。新宿绝对是来到东京必去的购物热点，小田急百货位处新宿车站上方，与新宿车站直接连接，超级便利的地点，可以说是来到新宿购物绝对少不了的好选择。即使是日本以外的品牌，这里的门市也有提供日本限定或小田急百货限定款，想入手特别商品的人可别错过。本馆 1 楼十分贴心地设置了外国顾客的服务柜台，不论英语、中文都可以交流。

京王百货

🏠 **新宿区西新宿 1-1-4**
☎ **03-3342-2111**
🕐 10:00—20:00，B1～3F 10:00—20:30（周日、节假日至 20:00），美食街 11:00—22:00
🌐 info.keionet.com/shinjuku/

　　京王百货就位于京王电铁新宿駅之上，往来人潮众多，是十分受欢迎的老牌百货之一。其中地阶与 B1 为食品区，1～4 楼为女性卖场，5 楼为男士卖场，6 楼为家用杂货，7 楼为阪神虎的相关卖场，8 楼为餐厅街，顶楼则还有个花园，提供全家大小逛街休憩的场所。

新宿高岛屋

- 涩谷区千驮ヶ谷5-24-2
- 03-5361-1111
- 10:00—20:00，周五、周六 10:00—20:30，不定休
- www.takashimaya.co.jp

推荐理由

品牌多，又与东急手创、纪伊国屋相通，新宿站南口最大商场，让人一次逛完所以想要的品牌，买得不亦乐乎。

高岛屋百货是雄踞新宿南口的百货霸主，卖场号称"全日本最大"，自开业以来就成为去新宿购物的必逛之地。除了卖场，12～14楼整整3层的美食街也是新宿最有人气的用餐地点之一。而2楼与5楼的卖场皆有通道能通往东急手创与纪伊国屋，采买杂货书也十分方便。

FLAGS

- 新宿区新宿3-37-1
- 03-3350-1701
- 11:00—22:00(依店铺而异)，不定休
- www.agsweb.jp

与新宿駅南口大阶梯连接的FLAGS大楼，宣示着新宿流行发源地，从在FLAGS设柜的品牌如GAP、UNITED ARROWS等就可以知道，这里走的是美式精品路线，每一家店都深受日本人喜爱，虽然定价较高，但于打折期来选购，绝对超值划算。

赤羽桥·东京铁塔周边

只要是在东京拍摄的爱情偶像剧,镜头总免不了东京铁塔,而东京铁塔所在的区域正是地铁大江户线的赤羽桥一带。红色的东京铁塔不仅对日本人来说是东京的代名词,对国外旅客来讲,更是东京行不可缺少的一站,而在本区除了东京铁塔之外,更有与德川家渊源深厚的增上寺和东京最古老的公园芝公园,等待着游客的造访。

◎ 交通路线&出站信息

● 电车

都营地铁赤羽桥驿: 大江户线
都营地铁御成门驿: 三田线
都营地铁芝公园驿: 三田线
东京 Metro 神谷町驿: 日比谷线
都营地铁大门驿: 浅草线、大江户线
JR 东日本浜松町驿: 山手线

● 出站便利通

※ 如果要前往东京铁塔可利用以上电车路线,建议从赤羽桥驿的赤羽桥口出站,步行约5分钟即达,最为便利。不过这是走到了东京铁塔的后方停车场,购票须绕到正门。

※ 另外东京 Metro 神谷町驿从1号出口步行约7分钟、都营地铁御成门驿A1出口步行约6分钟、都营地铁大门驿A6出口步行约10分钟,也可达东京铁塔。

※ 如果搭乘JR山手线前往,下车车站是浜松町驿,从北口出站步行需要15~20分钟,是最远的车站,较不建议。

※ 从各车站出站到地面之后,只要朝着红色东京铁塔前行就可以顺利抵达。

东京おみやげたうん

- 东京铁塔 2F
- 9:30—22:00，依季节而异
- 东京铁塔模型 400 日元起

在东京铁塔诞生时，许多贩卖土产的小店伴随着游客的增加开始营业，而现在的东京おみやげ たうん，就是将当年的老铺集中起来的商店街。这里的商品五花八门，从和服、武士刀、扇子到东京铁塔相关的纪念品都找得到，也是东京少数保留了老式况味的观光商店街。

TOKIO 333

- 东京铁塔 2F
- 9:00—22:50

一进到 TOKIO 333，就能看到东京芭娜娜等东京定番商品的柜位，而这家店铺的确是贩卖东京伴手礼的店铺。除了东京定番点心，这里也贩卖东京铁塔吉祥物 Noppon 兄弟的相关商品，另外东京和铁塔相关造型的各种卡通人物如 KITTY、Q比、绿球藻人等，总数在 500 种以上，有在收集的朋友可以来好好寻宝。

边买边吃

东京駅・丸の内

东京拉面一条街

- 东京駅一番街 B1（八重洲口）
- 平均营业时间 11:00—22:30
- www.tokyoeki-1bangai.co.jp/street/ramen

● 推荐理由 ●
集结多家人气面店，想要吃到美味拉面，来这里绝对不会失望！

东京车站的拉面街于2011年4月正式开业，集结了东京的8家人气拉面店，也很快地聚集了前来尝鲜的各地人潮。如以顺口馥郁的汤头闻名的九段下班鸠、口感清爽的盐味拉面ひるがお、东京拉面名店店主推出的牛舌拉面专卖店㐂蔵等，开业至今人气最旺的则一直是仅此一家的沾面名店六厘舍。

TANITA 食堂

- 千代田区丸の内 3-1-1 丸之内国际大楼 B1
- 03-6273-4630
- 午餐 11:00—15:00，午茶 14:00—16:00，周六、节假日营业时间为 11:00—15:00，周日休息
- www.tanita.co.jp/shokudo

● 推荐理由 ●
做体重秤做到出书？出书出到开餐厅！TANITA 创下许多纪录，营养均衡的美食主义更是现代人的最佳典范！

由于 TANITA 食堂人气很旺，通常在开店前便会排满人，建议可以早点来排队；人潮多时还会分时段发号码牌，排队进场前一定要先取得号码牌才行。日本的体脂体重秤大厂 TANITA 的员工餐厅以均衡饮食帮助员工减重，引起话题后发行食谱，甚至是直接开设了一家食堂，将自家员工餐厅的伙食对外开放，让一般大众也能品尝。这里的定食每一份的热量都在500大卡左右，且蔬菜增量、盐分减量，吃起来饱足感十足却又清爽无负担。

银座・有乐町

みのる食堂

- 银座三越 9F
- 03-5524-3128
- 10:00—23:00（中餐 14:30、晚餐 22:00、饮料 22:30)
- www.minoriminoru.jp/diner/

推荐理由
健康饮食抬头的今天，有机饮食当道，但能够提得出证明的可不多。みのる食堂由日本JA全农策画，食材来源当然值得信赖！

みのる食堂是由日本JA全农所策划的小农食堂，全名为全国农业协同组合连合会的JA全农，是日本农业支援与共济事业体，以JA全农为奥援。みのる食堂讲求当季与在地的概念，食材全部来自东京近郊行友善耕作的农友，每天早上新鲜直送，并根据当季盛产食材设计菜单，食材新鲜自然，食物简单不造作，滋味融合了欧式乡村料理的饱满与日式家常料理的温柔，不只是因为蔬果的清新，让脑袋自动输入健康生活的暗示，更是色、香、味充满了疗愈。

BEIGE ALAIN DUCASSE TOKYO

- 中央区银座 3-5-3 CHANEL 银座大楼 10F
- 03-5159-5500
- 11:30—16:30，18:00—23:30，周一、周二，日本新年休息
- www.beige-tokyo.com

推荐理由
推荐下午茶时段来访，能以实惠的价格享受精品级的高规格款待，想享受东京优雅就在这！

香奈儿银座店的10楼法国餐厅，请来法国料理名厨 Alain Ducasse 合作，完整展现香奈儿和大厨的美食哲学。每一个细节都承袭着时尚精神，就连服务人员制服也出自香奈儿。三星级主厨 Jérôme Lacressonnière 在法国料理中添加日本和风精髓的创作料理，使用当地的自然食材，连摆饰装盘的创意也反映了香奈儿的品位，五感品味法国时光。

银座千疋屋

- 中央区银座 5-5-1
- 03-3571-4388
- 1F 卖店 10:00—20:00,周日、节假日 11:00—18:00;B1 FruitParlor11:00—17:30;2F Fruit Parlor11:00—20:00,周日、节假日 11:00—19:00(点餐至打烊前 30 分钟),日本新年休息
- www.ginza-sembikiya.jp

● 推荐理由 ●
尚青的最美味!用新鲜水果做的各式蛋糕、甜点每样都好吃到让人感动,虽然价格有些贵,但绝对是物有所值!

千疋屋是东京高级水果专卖店的代名词,但在千疋屋的银座本店里,除了各种名贵的水果礼盒、纯果酱和纯果汁外,还有一款隐藏版点心——水果三明治。绵软的三明治白吐司中,细心夹进了现切的草莓、苹果、水蜜桃、哈密瓜等时令水果,搭配鲜奶油,酸甜清爽的绝妙搭配令人惊艳,外盒包装也典雅讨喜,难怪成为东京人心目中的最佳伴手礼之一。

Pierre Marcolini

- 中央区银座 5-5-8
- 03-5537-0015
- 11:00—20:00,周日、节假日 11:00—19:00
- www.pierremarcolini.jp

● 推荐理由 ●
巧克力大师的东京直营店铺,绝对不能错过店内的巧克力盛代,若是没时间,至少也要外带一盒巧克力回去细细品味。

比利时巧克力大师 Pierre Marcolini 的同名巧克力专卖店,隔邻则是同品牌的冰激凌店,每到假日总能见到排队的人潮。由巧克力的原料可可豆开始亲自严选,使得 Pierre Marcolini 的巧克力拥有独家的浓厚醇香,不论是外带单颗巧克力或是进到楼上座席,尝一下店内限定的巧克力圣代,都令人感受到巧克力独有的满满幸福滋味。

银座文明堂

- 中央区银座 5-7-10
- 03-3574-0002
- 11:00—20:00，cafe& restaurant 11:00—23:00，日本新年休息
- www.bunmeido.com

● 推荐理由 ●
招牌蜂蜜蛋糕已经是东京伴手礼的首选！送礼自用两相宜的最佳代表。

说到文明堂，就不能不提它那甜香浓郁、口感绵密的蜂蜜蛋糕。顶级的手制蜂蜜蛋糕还曾经被当作给西班牙王室的赠礼呢。这家银座五丁目的直营店有宽敞座席，提供蜂蜜蛋糕、年轮蛋糕，还有各种精致点心和饮料。

炼瓦亭

- 中央区银座 3-5-16
- 03-3561-7258
- 午餐 11:15—15:00，晚餐 16:40—21:00，周六、节假日至 20:45，周日休息

● 推荐理由 ●
传说中蛋包饭的发源店，和洋折中的传统洋食，每一口都好吃得让人停不下来。

明治二十八年(1895年)开业的洋食屋"炼瓦亭"，是银座餐厅中最有名的一家，创建于1895年的炼瓦亭，是蛋包饭、牛肉烩饭等和风洋食的创始店，也是蛋包饭迷必来朝圣的店家。不同于现在常见的蛋包饭，炼瓦亭元祖蛋包饭的蛋与米饭混合而成，奶油搭配出的香味出乎意料地清爽、即使吃到最后一口也不会令人厌倦。

银座 篝

- 中央区银座 4-4-1
- 11:00—15:30、17:30—22:30，周六、节假日至 21:00，周日休息

● 推荐理由 ●
低调的拉面店自从开业就博得了广大人气，鸡白汤拉面香浓中见纤细，摆盘又相当精致，符合银座贵气的调性。

店面藏在巷弄深处，门帘也很不起眼，但你绝对不会错过，因为无论平时或节假日，门口永远排着一排顾客。白汤拉面以鸡骨长时间熬煮，汤头呈现乳白色，但却不像豚骨油腻。面条上放着鸡肉叉烧、芦笋、玉米笋和萝卜婴，视觉与味觉一般隽永清爽。沾面走浓厚路线，加入了大量的鱼干、柴鱼，口感浓重香鲜，加上店家提供的玄米有机醋，香气分外惹人注意。

秋叶原

@home café

- 千代田区外神田1-11-4 ミツワビル4F～7F
- 03-5207-9779
- 11:30—22:00，周六日、节假日10:30—22:00，不定休
- www.cafe-athome.com

推荐理由
秋叶原老字号女仆咖啡厅，由于来此的外国人不少，这里的气氛十分欢乐，即使语言不通也没有问题。

@home café 的摆设有点类似教室的风格，坐在吧台位置的女仆可以面对面帮您服务，可爱的女仆会亲切地为您端上饮料，倒奶精，或者是在您的蛋包饭上面用番茄酱画上可爱的猫咪图案。想要多跟女仆互动，可以选择跟女仆玩游戏或是拍照，但这些服务都要另外付钱。不少女仆拥有自己的粉丝，在企业化的经营之下，女仆们发行了CD以及DVD，还提供了男客人穿上男仆装的衣服，与女仆一起拍大头贴的服务，请摆出最萌的猫咪姿势。女仆周边热门商品更是超萌热卖中。

Gundam café & bar

- 千代田区神田花冈町1-1
- 03-3251-0078
- 10:00—22:30(食物至21:30，饮料至22:00)
- g-cafe.jp

推荐理由
开业时造成大话题的钢弹咖啡，吃的喝的都与钢弹相关，最重要的是内装与摆饰，钢弹迷千万别错过。

钢弹迷千呼万盼，在秋叶原的主题餐厅终于开业。店内以动漫式的未来感打造出舒适的空间，餐点是以钢弹为主题，推出多种套餐。除了餐点之外，在店内一隅也特地辟出一角贩卖钢弹的原创商品，钢弹迷们可别错过了。

新宿

新宿割烹 中嶋

- 新宿区新宿 3-32-5 日原ビル B1F
- 03-3356-4534
- 11:30—14:00; 17:30—21:30,周日、节假日休息
- www.shinjyuku-nakajima.com

● 推荐理由 ●
从每个小细节,感动日本人最纤细的美学神经。因为推出千元有找的超值午间套餐,被称为是"最好摘的米其林一星"。

1962年开始在新宿街角营业至今,中嶋即便获得米其林一星餐厅封号,仍然在每天中午推出800日元的平价午餐,餐点清一色是竹策鱼定食,包括生鱼片、柳川锅、炸物等选择。店主中嶋贞治在媒体和饮食界赫赫有名,其料理之所以能为顾客带来味觉以上的感动,主要原因便是讲究留白与平衡之美,料理以引出食材最生动的美味为原则,即使看起来非常简素,也少有大鱼大肉,只要食材新鲜优质,搭配的酱料与调理法正确,就是最完美的味觉飨宴。

あばらや

- 新宿区西新宿 1-4-20
- 03-3342-4880
- 18:00 至次日 1:00,周日休息

● 推荐理由 ●
想体验日本的居酒屋文化,那就舍弃连锁店,来西新宿巷子里的小店,尝尝老爷爷炒的炒面、老奶奶的马铃薯炖肉,再来杯啤酒大口灌下去,这就对啦!

与东口的歌舞伎町里的居酒屋比起来,西口的居酒屋感觉较为隐密也不喧闹。あばらや店面较小,完全没有连锁居酒屋的气派,但也更能够感受到当地人的气息。东京的高物价偏高,而这里的菜肴相对便宜,且几乎样样都是招牌,朴实简单的家常料理美味程度没话说,而来这里的也大多是常客,游客较少。

道しるべ

🏠 新宿区歌舞伎町 1-3-7
☎ 090-1777-8101
🕐 20:00 至次日 3:00,周日、节假日休息

● 推荐理由 ●
狭小的店面,人多得挤得暖乎,加上烧得热烫烫的烤炉,全都比不上老板的热情活力,推荐想要到居酒屋尽情狂欢的人来这!

　　道しるべ隐身在歌舞伎町里的小巷弄中,但每到营业时间总是高朋满座,这里的串烧不便宜,但新鲜上等的食材与老板的烧烤功夫,让许多人不敢吃的鸡肝、鸡心、鸡屁股化为一串串美味佳肴,不但没有臭味,反而吃来多汁让人回味。坐在吧台看看老板随着摇滚乐舞动的烤肉姿势,身旁客人间的谈笑声,欢乐的气氛为夜晚燃起热情,道しるべ的美味融在舌尖,而热闹特殊的日本居食文化也烙在了心底。

新宿 nest

🏠 新宿区歌舞伎町 1-14-7 Hayashi 大楼 B1
☎ 03-5285-1160
🕐 18:00—06:00,周一休息
🌐 www.nest-shinjuku.jp/

● 推荐理由 ●
1 小时 3 000 日元喝到饱,由专业高阶舞者呈献华丽派对时光。

　　靠近新宿东口的歌舞伎町号称"东洋第一的闹街",五光十色的街道热闹非凡,是上班族和年轻人下班后最爱去的聚会场所,整条街道上聚集非常多的餐厅与居酒屋,不时传出热烈的吆喝声与笑声,气氛热烈无比,来到东京购物观光可别忘了到这里体验日本的夜生活气息。其中位于歌舞伎町的新宿 nest,由 JR 新宿站东口步行只需 5 分钟;由地铁丸之内线新宿站步行也只需 5 分钟,交通十分便利,店内有兼具专业与美艳的舞者们会表演以钢管舞为主的精彩舞蹈,主秀的时段为 19:30、21:00、23:00,另外也有副秀及特别来宾秀的演出,时段分别为 18:00、20:00、21:30 等,也就是说直到深夜 24 点前这边都能看到舞蹈表演,搭配音乐的曼妙舞姿带来绝无冷场的欢乐夜派对。

　　如果你以为这里只能看表演那可就错了,新宿 nest 最棒的是还提供餐饮服务,除了和寿司店合作提供新鲜鱼贝所制成的海鲜饭,让客人们可以吃到美味的料理外,最棒的是一小时喝到饱只需要 3 000 日元,如此划算的价格难怪吸引了大批的观众,一边观看表演,一边享用美食与酒水,让停留在新宿的夜晚既美好又难忘。

赤羽桥·东京铁塔周边

野田岩

- 港区东麻布 1-5-4
- 03-3583-7852
- 11:00—13:30, 17:00—20:00, 周日、日本新年休息, 夏季不定休
- www.nodaiwa.co.jp

● 推荐理由 ●
传统手工碳烧鳗鱼饭, 色香味俱全, 最美的东京之味就在这。

创立至今已有 200 年历史的野田岩, 现由第五代的金本兼次郎所经营, 店内空间也古色古香。野田岩鳗鱼使用传统烹调法, 先烤再蒸, 蘸上酱汁之后再烤, 每个步骤都细心完成, 烤出来的鳗鱼香甜松软, 光闻味道就叫人垂涎, 也是东京高级鳗鱼饭的代表之一。由于野田岩率先引进鳗鱼饭和红酒搭配的饮食风格, 所以店内亦备有近 20 种红酒供顾客挑选。

住在东京

◎ 新宿灿路都广场大酒店

该酒店地理位置很好,离 JR 新宿站不远,靠近明治神宫和皇居。酒店内设计了两个吸烟区,其中一个还有售货机,很方便。

🏠 东京都涉谷区代代木 2-3-1 ☎ 033-3753211 🌐 www.sunrouteplazashinjuku.jp

◎ 浅草多米温泉酒店

浅草多米温泉酒店距浅草寺仅几分钟的路程,且酒店每天都有免费的冷热自助早餐。酒店有的双人间阳台临河,观看夜景很赞。

🏠 东京都台东区花川户 1-3-4

◎ 东急蓝塔酒店

东急蓝塔酒店位于东京的中心地带,距离八公像仅仅几分钟的路程。从酒店往外看还可以看到东京铁塔远景。酒店顶层设有一间酒吧,能看到城市风景。

🏠 东京都涉谷区樱丘町 26-1 ☎ 033-4763000 🌐 www.ceruleantower-hotel.com

◎ 安尼可思胜太郎日式旅馆

这家旅馆虽然距东京市区有些远,但是交通很便捷,乘 JR 地铁可到达。旅馆距 JR 日暮里站约 600 米,距上野公园和上野动物园都很近,步行大概 10 分钟。旅馆外是典型的日式街道,平静安详。旅馆房间和浴室都很宽敞,卧室为日式榻榻米,公共走廊装饰现代感十足。

🏠 东京都台东区谷中 3-8-4 ☎ 033-8282500 🌐 www.katsutaro.com

玩在东京

皇居

皇居是天皇平时居住的场所,为江户时代太田道灌所建。皇居平时不开放,一般人只能在二重桥上取景。

皇居外苑及东御苑倒是供民众参观。东御苑种植了数百株樱花,樱花季节时是东京人气很高的赏花场所。从东御苑大手门处拿个木牌,就可以顺着路径走上石墙及林荫间。木牌要妥善拿好,得在北之丸出口处交回。

🏠 东京都千代田区 🚇 各地铁线大手门站出站,步行5分钟 ☎ 外苑:03-32130095,东御苑:03-32131111 🕐 外苑:自由参观,东御苑:9:00—16:30(11月至次年2月至16:00,4月15日~8月至17:00);外苑:无休,东御苑:周一、周五、12月28日至次年1月3日休息 🌐 sankan.kunaicho.go.jp

三菱一号馆美术馆

　　三菱一号馆美术馆的建筑本身是座充满复古风情的美丽红砖建筑，虽然并非历史建筑，但却是依据1894年由英国设计师所绘、竖立于原基地的三菱事务所设计图，经过详细考证后所重建而成。1楼则有建筑本身的历史资料室、利用原本银行接待大厅空间、开放感十足的咖啡馆1894及博物馆商店；2楼、3楼作为美术馆的展览空间使用。

🏠 千代田区丸之内2-6-2 🚇 JR东京站丸之内南口步行5分钟 ☎ 03-57778600
🕐 10:00—18:00，周五（节假日除外）10:00—20:00 周一（遇节假日顺延），1月1日，换展期间 🌐 mimt.jp

东京晴空塔城

　　2012年5月22日，这座标高634米的自立式电波塔取代了东京铁塔，成为代表东京的新地标。晴空塔起初规划时曾让民众投票命名，最后以"SKYTREE"这个开放性的概念胜出，成了现在"TOKYO SKYTREE TOWN"的构想，因此东京晴空塔又翻译为东京天空树。除了晴空塔本身之外，处于350米的第一展望台，还有餐厅、咖啡店、商店等，而且这里的地板采用强化玻璃制成，脚下世界一览无余。在450米处有第二展望台，是欣赏东京夜景的最好去处之一。

🏠 墨田区押上1-1-2 🚇 押上站步行即达 🕐 展望台 8:00—22:00，TOKYO Solamachi 10:00—21:00（一部分设施时间不一样）💰 第一展望台天望Deck，大人2060日元、初高中生1540日元、小学生930日元、4岁以上儿童620日元。第二展望台天望回廊需加购票券，大人1030日元、初高中生820日元、小学生510日元、4岁以上儿童310日元 🌐 www.tokyo-skytree.jp

东京铁塔

　　东京铁塔又叫东京塔，位于东京都港区芝公园内。东京塔是东京的地标性建筑，建于1958年，标高332.6米，本来最初设立的目的是担负东京多家电视台、电台的电波发射重任，不过由于塔上150米的大展望台与249.9米的特别展望台，具有360°观景视野，而成为俯瞰东京市容的绝佳地点，据说天气晴朗的时候，可以远眺富士山。

🏠 港区芝公园4-2-8　🚇 都营大江户线赤羽桥站步行5分钟即达　☎ 03-34335111　🕐 展望台9:00—22:00，最后入场至21:45（特别展望台至21:30）　💴 大展望台大人900日元，中小学生500日元，4岁以上儿童400日元；特别展望台大人700日元，中小学生500日元，4岁以上儿童4000日元；部分设施另计　🌐 www.tokyotower.co.jp

浅草寺

浅草寺是东京都内最古老的寺庙，浅草的信仰中心。相传，在推古天皇三十六年（628年），有位渔夫在隅田川中捞起了一尊高5.5厘米的黄金观世音菩萨像，于是就建了座小小的庙堂虔心供奉。后来浅草观音寺门前成了江户时期最热闹的繁华区，仲见世通上人潮不绝。浅草寺最引人注目的莫过于寺院的大门——雷门，其正式名称是"风雷神门"，上面写着"雷门"二字的大红色提灯重达130千克，是浅草的象征。雷门的右边有一尊风神像，左边则是雷神像，守护着浅草寺。

台东区浅草2-3-1　银座线、浅草线的浅草站出站即达　03-38420181
www.senso-ji.jp

Chapter 4

大阪购物游
完美指南

- **92** 大阪热门购物区
- **106** 边买边吃
- **112** 住在大阪
- **114** 玩在大阪

大阪热门购物区

梅田·大阪駅周边

　　梅田是大阪的交通枢纽，JR大阪站、阪急梅田站、阪神梅田站都在此交会，还汇集了三条地铁：御堂筋线、四つ桥线、谷町线通往大阪市区各地。梅田也是热闹的商业区，有高层大楼、大型百货公司，还可见到闹区内突出于顶楼的红色摩天轮。车站地下更有日本最早的车站地街，每天逛街与搭车的人潮川流不息，初次进入地底下的大商场，必定惊讶于它的错综复杂，因为就连当地人都可能迷路呢！

◎ 交通路线&出站信息

● 电车

JR 西日本大阪駅・大阪环状线 (1-2号 月台)；ゆめ咲き线 (往日本环球影城梦想花开线，1号月台)；关西空港线 (1号月台)；大和路线 (1号月台)；阪和线 (1号月台)；JR 宝冢线 (快速3-4号月台，普通3-4、6号月台)；JR 神户线 (快速、新快速3-4号月台，普通5-6号月台)；JR 京都线 (快速、新快速8-10号月台，普通7号月台)；湖西线 (新快速8号月台，普通7号月台)。往北陆、岐阜、名古屋地区特急列车 (9-10号月台)；往东京、东北、北海道的寝台列车 (10号月台)；往关西、山阴地区特急列车 (3-4、9号月台)。若要搭乘新干线列车须至JR 新大阪駅，从大阪駅可搭乘JR 京都线或大阪地铁御堂筋线抵达。

换乘信息

大阪地铁梅田駅→御堂筋线

大阪地铁东梅田駅→谷町线

大阪地铁西梅田駅→四つ桥线

阪神电铁梅田駅→阪神本线

阪急电铁梅田駅→阪急神户线、宝冢线

JR 北新地駅→东西线

● 巴士

机场巴士以下地点皆可搭乘

阪急国际饭店、大阪希尔顿饭店、大阪威斯汀饭店、大阪 Ritz Carlton 饭店、新阪急饭店、大阪 HERBIS

● 高速巴士

JR 巴士

于大阪駅中央北口旁的JR 高速BT(巴士总站)搭乘，可前往东京、横浜、静冈、滨松、名古屋、金泽、有马温泉、白浜、广岛、冈山、博多、四国等地。

近铁巴士

于大阪地铁东梅田駅7号出口搭乘，可前往东北的仙台、山形、福岛；关东的日立、水户、宇都宫、川越、横浜、东京、新宿、静冈、富士、甲府、轻井泽；中部的飞驒高山；中国地区的尾道、山口；九州的长崎、熊本、鹿儿岛、宫崎等地。

阪神巴士

于HERBIS ent 地下一楼搭乘，可前往中国地区的津和野、四国的德岛、今治或东京等地。

阪急巴士

于阪急三番街高速BT(巴士总站)搭乘，可前往关东的横浜、品川、池袋、涩谷；信越地方的长野、松本、新潟；北陆的富山、金泽、福井、关西的舞鹤、天桥立、汤村温泉、城崎温泉、淡路岛；中国地区的津和野、出云、鸟取、米子、冈山、下关；四国地方的高松、德岛、松山、高知与九州地方的福冈、长崎、鹿儿岛等地。

● 出站便利通

※ 梅田·大阪驿地区绝对是全日本最复杂的交通枢纽，比起东京或新宿毫不逊色，不仅拥有多条最早的车站地铁，每天更有60万人在此转乘，川流不息的人潮也让在地铁找路成了一件难事，即使是大阪人都会在此迷路。

※ 来到梅田建议盯紧上方的指标前往要去的地方，万一迷路赶紧开口问人吧，因为地下街的复杂程度可能会让人离目的地越来越远，若还是无法找到路，建议上至地面，较能够搞清楚方位。

※ 从JR大阪驿中央口出站，左转走到底即可看到LUCUA osaka。登上手扶梯即可通往GRAND FRONT OSAKA百货。

※ 阪神电铁梅田驿距离OL热爱的E~ma购物中心、地下街DIAMOR最近，并直接连通阪神百货、大丸百货，距阪急百货也很近。

※ 大阪地下铁谷町线东梅田驿出站是WHITY地下街，要前往露天神社也是从此站最近。

※ 前往年轻人最熟悉，顶楼有着摩天轮的HEP FIVE离大阪地铁御堂筋线的梅田驿较近，从H28口出站，而5-42口出站就是JR大阪驿御堂筋口。

※ 想买电器用品从大阪地铁御堂筋线的梅田驿下，从3-4口出至地面即达。

※ 阪急电铁的梅田驿距离最为远，如果要拖行李转乘要有心理准备。

※ 阪急电铁梅田驿的茶屋町出口，步行1分钟，即抵达NU chayamachi和NU chayamachi Plus。

阪急百货店梅田总店

- 大阪市北区角田町 8-7
- 06-6361-1381
- 周日至周四 10:00—20:00，周五、周六 10:00—21:00，美食区周一至周六至 21:00，12F、13F 餐厅 11:00—22:00
- www.hankyu-dept.co.jp
- 出示护照至 1 楼服务中心或 B1 楼海外旅客服务中心，可领取 5%off 的优惠券。

● 推荐理由 ●
优雅贵妇最爱！种类齐全的世界级精品、美妆保养品牌等一字排开，逛上一整天也没问题。

　　阪急百货店梅田总店创建于 1929 年，作为世界首家与车站相通的百货店，坐落于大阪交通枢纽－地铁梅田站（JR 大阪站）。1~6 楼主推世界精品、服饰及化妆品，深受各个年龄层女性们的青睐。12 楼、13 楼宽敞舒适的餐厅中，汇集了国内外美食，购物之余或与朋友相约来用餐。各个楼层还设有咖啡厅可以悠闲地享受下午茶。而最让人期待的还是跨越 B1 和 B2 的食品区，令人眼花缭乱的高人气甜点瞬间掳获你的芳心，各式知名伴手礼及特产也样样俱全。回国后还可以与大家分享欢乐又满足的大阪购物记忆！当然，阪急百货店梅田总店还有大家最在意的退税、外币兑换及 Wi-Fi 服务。不管是大人还是儿童，都会有周到的服务来满足您的各种需求。时尚又便利的购物体验从这里开始。

唐吉诃德 梅田本店

- 06-6360-6121
- 大阪市北区小松原町 4-16
- 24 小时
- www.donki.com

推荐理由
夜猫族的最坐补给站,生活用品到糖果饼干一应俱全。

夜猫族的一大福音!越夜越美,晚上没地方去吗?那就来位于梅田駅附近 24 小时营业的唐吉诃德,共 3 层楼的卖场,集结食衣住行的各类商品,只要你想得到的东西,这里都应有尽有,就像一家迷你版的百货公司,而且价格又比市价便宜,逛一圈下来,保证你都舍不得离开这购物天堂了。2011 年开业的唐吉诃德梅田本店,改装后于 2012 年 3 月重新开业,增添 2 楼和 3 楼卖场,门口的壮观石像和大型水族箱是其著名的特征!

LUCUA osaka

- 06-6151-1111
- 大阪市北区梅田 3-1-3
- 购物 10:00—21:00,10F 餐厅 11:00—23:00,B2F バルチカ 11:00—0:00
- www.lucua.jp

推荐理由
各式品牌齐全,推荐来这里逛一圈必能大有所获。

主打女性流行时尚的 LUCUA osaka 包含 LUCUA 和 LUCUA 1100 两家百货。LUCUA 命名来自 Lifestyle(生活风格)的"L",Urban(都会的)的"U",Current(流行的)的"Cu",Axis(轴线)的"A",是针对上班族女性提供具高度敏感流行购物环境的意思,而 LUCUA 鲜艳的红莓色的店 LOGO,则是代表着女人味的色彩。

NU chayamachi Plus

- 06-6373-7371
- 大阪市北区茶屋町 8-26
- 11:00—21:00,餐厅 11:00—0:00
- nuchayamachi.com

推荐理由
梅田巷弄内时尚百货,年轻 MIX 风格让人大开眼界。

NU chayamach Plus 位于梅田 NU chayamachi 的对面。NU chayamach Plus 1～3 楼的卖场有 23 家各式各样的店铺进驻,1 楼贩卖男女装的流行服饰,2 楼以设计杂货的店铺为主,还有一家书店 STANDARD BOOKSTORE,3 楼则是美食区,想小憩一下,喝杯下午茶或吃个饭,到这里准没错。

YODOBASHI 梅田

- ☎ 06-4802-1010
- 🏠 大阪市北区大深町 1-1
- 🕘 9:30—22:00、餐厅 9:30—23:00
- 🌐 www.yodobashi-umeda.com

● 推荐理由 ●
地点好，品项充足，价钱合理，是购买电器用品的首选。

　　YODOBASHI 以相机起家，现在则是超大型的电器连锁卖场，几乎所有会用到电的产品，这里都有。而且 YODOBASHI 不只卖家电，在这栋大楼的另外半边是 COMME CASTORE，商品以男女装流行服饰、生活杂货、幼儿服饰为主，换季打折时的折扣更是吸引人，在高楼层还设有咖啡屋、甜点蛋糕馆，让逛累的人可以来这里小憩一番。

无印良品 GRAND FRONT OSAKA

- ☎ 06-6359-2171
- 🏠 北馆 4F
- 🕘 10:00—21:00
- 🌐 www.muji.com/jp/

　　与衣食住行相关的各项商品集结，关西区域最大的展示空间中，不只让人重新感受无印良品的优雅与质感，更特别的 OPEN MUJI 希望能与人在此一同料理、亲子体验、学习新知等；再加上 MUJI BOOKS 的精选书本，让人与人在此擦出新火花。另外这里也设有刺绣工房，只要花点工本费就能够在衣物上绣上标志，成为独一无二的馈赠品。

HEP FIVE

- ☎ 06-6313-0501
- 🏠 大阪市北区角田町 5-15
- 🕘 购物 11:00—21:00，餐厅 11:00—22:30，摩天轮 11:00—22:45
- 🌐 www.hepve.jp

● 推荐理由 ●
主打年轻族群的店铺，服饰设计流行且款式众多，价格相对实惠。

　　远远可以看到顶楼大红色摩天轮的 HEP FIVE，包括 HEP FIVE 与 HEP NAVIO 两栋相连的百货，其中 HEP FIVE 的规划比较年轻有个性。9 层楼面拥有 99 家店铺，许多受欢迎的品牌如 GAP、BEAMS、OZOC 等都能看得到。逛到 7 楼时，一定要去搭那难得的市区摩天轮，一圈 15 分钟的体验，梅田风光尽收眼底。

GRAND FRONT OSAKA

- 06-6372-6300
- 大阪市北区大深町 4-1
- 商店 10:00—21:00，餐厅、UMEKITA DINING(南馆 7～9F) 11:00—23:00，UMEKITA CELLAR(うめきた広场 B1F)10:00—22:00，UMEKITA FLOOR(北馆 6F) 11:00 至次日 4:00，周日、节假日 11:00—23:00。有些店铺时间不同，详见官网
- www.grandfront-osaka.jp

推荐理由
北梅田区域最新话题，与其他百货串联成为大阪最强逛街区域。

GRAND FRONT OSAKA 位于大阪梅田的北边重划区，分为南馆、北馆与うめきた广场 3 个部分。与西日本最大的运输车站大阪駅相连，网罗了来自各地的时尚、生活、美容、咖啡、美食相关店铺共 266 家，其中不乏初次登入关西的时尚品牌、流行服饰旗舰店等，以生活、兴趣类的店铺比例较高，而店内也比一般百货的空间更加广阔，逛来也更舒服。除了一般的购物之外，GRAND FRONT OSAKA 更设置了知识发信中心 The Leb.。人们相信知识就是力量，分为 3 个楼层的 The Leb. 借由实际触摸、解说来启发每个人的创造力，借由知识的力量来创造全新未来。整体空间环境大量运用绿色植栽与流水，除了平一楼平面楼层，在顶楼也设有空中花园，创造出都会性的散步小径。

梅田茑屋书店

- 06-4799-1800
- LUCUA 1100 9F
- 7:00—23:00
- real.tsite.jp/ umeda/

推荐理由
设计感十足，宛如自家般舒适的阅读空间，正是茑屋书店最大的特点。

很多人初识茑屋书店都是从东京代官山的茑屋书店入选为"世界 20 家最美的书店"之一为开端，也是日本唯一入选的书店。茑屋书店 32 年前就以"生活态度为提案"为目标在大阪创业，当时还只是家 32 平方米的小书店，如今又重回大阪开业，梅田茑屋书店面积超过 1 000 平方米，总藏书多达 20 万本，360°的环绕式设计，依书籍主题来陈列，提供多达 500 个座位供顾客坐下来好好阅读，店内给人的感觉如同自家般轻松自在又舒适，跟一般传统书店给人商业化完全大相径庭，让人不自觉跌入书海世界里。

心斋桥

心斋桥是条具有百年历史的购物商店街，知名的百货SOGO就是从这里发迹的。从前，大阪商人利用长堀运河载着货物到此交易，热闹景象维持至今。拥有遮阳顶盖的心斋桥筋商店街中，百货公司、餐厅、老铺、时尚流行等琳琅满目的商家林立，逛街的人潮络绎不绝，到了假日更是拥挤。而隔壁的御堂筋林荫浓密，街道宽敞舒适，更是大阪精品最集中的区域，让人仿佛置身巴黎香榭大道。

◎ 交通路线&出站信息

● 电车

大阪地铁心斋桥駅： 御堂筋线、长堀鹤见绿地线

JR西日本难波駅： JR大和路线(关西本线)

南海电气铁道なんば駅： 南海本线、高野线、空港线

近畿日本铁道・阪神电气铁道大阪难波駅： 近铁难波线(奈良线)、阪神なんば线

大阪地铁なんば駅： 御堂筋线、千日前线、四つ桥线 出站便利通若站在戎桥与道顿堀入口就可以看到心斋桥商店街的入口。

● 出站便利通

※ 从大阪地铁御堂筋线心斋桥駅5、6号出口出站就是心斋桥商店街，5号为大丸百货。

※ 大阪地铁御堂筋线心斋桥駅4号出口出站就是林荫大道的御堂筋，聚集许多国际精品名店。

※ 大阪地铁御堂筋线心斋桥駅7、8号出口出站为御堂筋的另一侧，可直通日航饭店与OPA百货。

※ 若要逛北心斋桥商店街于心斋桥駅2号出口出站。

※ 长堀鹤见绿地线心斋桥駅就直接与クリスタ长堀地下街相连。

大丸百货

- 06-6271-1231
- 大阪市中央区心斋桥筋 1-7-1
- 北馆 10:00—20:30，南馆 B1F 花园(女性专区)10:00—21:00，北馆 13F 餐厅 11:00—22:00，元旦休息
- www.daimaru.co.jp/shinsaibashi

1726年开业的大丸百货心斋桥店，建筑物本身就是一件古迹艺术品，内部却是现代明亮，靠近商店街侧入口大门上，华丽的孔雀开屏壁饰及御堂筋侧的石墙欧风外观，显示大丸百货悠久历史，南馆8楼美术展场常推出许多企画展。

ZARA

- 06-4708-2131
- 大阪市中央区心斋桥筋 2-3-5
- 11:00—20:30
- www.zara.com/jp/

心斋桥筋商店街内的ZARA是日本唯一的概念店，所有的产品线一应俱全，包括派对系列的晚宴装、上班族实穿的套装或是休闲感十足的年轻副牌，甚至还有婴幼儿系列，而男性也没有被冷落，2楼的空间展示了欧洲型男的必备行头，让所有人立刻成为时尚一族。

オーエスドラッグ心斋桥店

- 06-6251-2500
- 大阪市中央区心斋桥筋 1-2-15
- 9:30—20:30
- www.osdrug.com

在心斋桥这一片药妆激战区里，竟然有一家不起眼的小药妆店仍经营着。这家位于心斋桥较南部的药妆店，店门口大大地挂着クスリ(药)，看起来昏暗杂乱的小店里却挤买前来采买的主妇与学生，由于都是当地人前来购买，价格当然是很实在。

松本清药妆店 心斋桥店

- ☎ 06-6213-5621
- 🏠 大阪市中央区心斋桥筋2-1-21
- 🕘 9:00—22:30
- 🌐 www.matsukiyo.co.jp

　　虽然邻近道顿堀的商店街口已有一家松本清药妆店，但是如果时间充裕，还是推荐去这心斋桥筋中央的分店，因为正对面有另一家药妆店，两家店为了抢客人，会经常推出各种特价的促销活动与特价商品，一定要先比过价才可下手。

La Porte

- ☎ 06-6252-2011
- 🏠 大阪市中央区心斋桥筋1-1-10
- 🕘 11:00—21:00

　　位于心斋桥筋商店街口的复合式大楼La Porte是心斋桥区的新地标，一到夜晚以玻璃帷幕打造的大楼映照着La Porte字样，十分显眼。西班牙人气品牌占据了3个楼层，另外还有最受欢迎的吃到饱甜点餐厅Sweets Paradise，成为白领的最爱。

美国村

从绿意盎然的御堂筋往西望去,可以瞧见矗立于大楼上的自由女神,大阪的美国村等同于东京的原宿,系指大阪南区心斋桥以西,长堀通以南的区块,起源于1970年代,开始有人贩卖美国进口的冲浪服装、夏威夷风的服饰,因而得名,如今到处可见充满个性、超IN打扮的酷哥辣妹,大多数都是十多岁、二十来岁的青少年,店家绚丽的招牌、大片的涂鸦墙、重金属摇滚音乐、二手衣店等,永不歇止的创意与活力,在这里无限迸发。

◎ 交通路线&出站信息

● 电车
大阪地铁心斋桥驿: 御堂筋线、长堀鹤见绿地线
大阪地铁四ツ桥驿: 四つ桥线

● 出站便利通
※ 从大阪地铁御堂筋线心斋桥驿7、8号出口出站即是绿意盎然的御堂筋,7号是年轻人百货OPA,往西走即为美国村区域。

※ 7号出口往南的第二个路口朝西,就可看到美国村的中心Big Step购物中心与三角公园。

BIG STEP

- 06-6258-5000
- 大阪市中央区西心斋桥1-6-14
- 购物 11:00—20:00，餐厅 11:00—22:00，不定休
- www.big-step.co.jp

　　BIG STEP 是美国村最大型的购物中心。原本这里是一所中学的校地，1993年被改建成占地广大的商城，这里有许多走在潮流最尖端的时尚品牌，如ANNA SUI、ABC-Mart 等，由于受到年轻人的欢迎，现在更是成为美国村一带的流行指标。

STANDARD BOOKSTORE

- 06-6484-2239
- 大阪市中央区西心斋桥2-2-12 クリスタグランドビル1F、B1F
- 11:00—22:30
- www.standardbookstore.com

推荐理由
主题式的书店陈设，概念性强的规划，突破书店的刻板印象。

　　标榜"本屋ですがベストセラーは置いてません"，意思为"我们是一家书店,但不摆设畅销书"。STANDARD BOOKSTORE跳脱书店给人既定的印象，不单单就是书店这么制式化，店内装潢设计走美式风格，简单大而化之，与美国村的氛围不谋而合，此外店内陈列摆放方式也与传统书店相异，主题性强、活泼的陈列方式，将相关类型的书籍放同一区。例如，料理书区会搭配相关器皿或厨房用品等杂货一同陈列，形成自成一格的特区。

Tiger AMERICA MURA タイガーアメリカ村店

- 06-4708-3128
- 大阪市中央区西心斋桥2-10-24 プレヴューピル1F、2F
- 11:00—20:00
- www.tiger-stores.jp

推荐理由
以便宜价格就可买到来自北欧各式各样的杂货，质量稳定又有设计感，真的是挖宝的好去处。

　　北欧的100元商店——Tiger，源自北欧丹麦哥本哈根的杂货连锁店，这不仅是全日本第一家Tiger店，也是欧洲以外的第一家海外分店，商品琳琅满目，文具、北欧图腾的餐具和清洁用具、居家用品、玩具等各式杂货。标榜"以低廉的价格，就能买到具流行性的设计商品"，物超所值。

日本桥

位于南波东侧的日本桥地区更是好吃又好玩，不仅有具日本传统文化的文乐剧场，还有不让秋叶原专美于前的日本桥电器街，最具话题性的当红动漫产品都可找到，古今交融别具特色。而黑门市场的美食更是众多，这里可以走入在地人生活，从庶民料理到高贵的河豚料理，应有尽有，到此一游，不同于难波、心斋桥等地的现代化发展，反而更能看到传统的老大阪所呈现出来的风貌。

◎ 交通路线&出站信息

● 电车

JR 西日本难波驿： JR 大和路线 (关西本线)
南海电气铁道なんば驿： 南海本线、高野线、空港线
近畿日本铁道·阪神电气铁道大阪难波驿： 近铁难波线 (奈良线)、阪神なんば线
大阪地铁なんば驿： 御堂筋线、千日前线、四つ桥线
大阪地铁日本桥驿： 堺筋线、千日前线
近畿日本铁道日本桥驿： 近铁难波线

● 出站便利通

※ 前往千日前道具屋筋街从大阪地铁从御堂筋线なんば驿 9 号出口出站遇到千日前后往南即可看到入口。

※ 前往黑门市场从大阪地铁日本桥驿 10 号出口出站最快，往南第一个交叉路口就可看到入口。

※ 前往御宅族喜欢的电器动慢聚集区域同样从大阪地铁日本桥驿 10 号出口出站，沿着堺筋往南步行约 10 分钟可达，也可从南海なんば驿前往。

日本桥电器街

☎ 06-6655-1717（日本桥総合案内所）
🏠 大阪市浪速区日本桥
🕐 依各店而异
🌐 nipponbashi-suji.com

事实上位于千日前附近，正确名称为てんてんタワン的商店街，因聚集相当多电器品商店，早被以日本桥电器街所称之，等同于东京的秋叶原。许多大型的消费电器、信息产品的连锁商场，也有以动漫画周边产品为主题的购物大楼。

黑门市场

🌐 www.kuromon.com

● 推荐理由 ●

市场是最能体验在地人日常的地方，市场文化因区域性也有所差异，来市场一趟等于是走了一遭大阪的厨房，尝尽各式美食。

黑门市场是从江户时代即开始经营的传统市场，有"大阪的厨房"之称。总长580米的黑门市场，不论是日式腌渍菜、生鲜食材、水果，甚至是外带熟食，都可以在这里找到道地口味！就连日本著名的河豚料理，都可以在黑门市场一饱口福。

边买边吃

梅田·大阪駅周边

雪ノ下工房

☎ 050-7550-4023
🏠 大阪市北区太融寺町 4-4
🕐 11:00—20:00，周六 11:00—19:00，周日、节假日 11:00—18:00
🌐 yukinosita.net

● 推荐理由 ●
值得排队的名物松饼，夏天的刨冰也是人气之选。

松饼为现点现做，每一份餐点约需等待 30 分钟，距本店步行约 3 分钟的工房，因为不需要预约，所以许多饕客选择来此享用美味松饼。厚厚的松饼之所以美味，是因为店主人十分讲究的原材料：鸡蛋选用三重县多气郡产的有机鸡蛋、牛乳来自大美伊豆牧场的低温杀菌乳，而面粉则是近畿制粉的国产面粉，连水都使用鹿儿岛高牧之森的天然涌水。加上职人细心的烘煎，每一份送至餐桌的松饼都热乎的美味极了。

Kimura

- ☎ 06-6372-8033
- 🏠 阪急三番街南馆 B2F
- 🕐 周日至周四10:00—21:00,周五、周六、节假日至22:00

● 推荐理由 ●
店面虽然小,但用料新鲜且不过甜,最适合当饭后甜点。

　　想吃甜点又怕胖,那就来 Kimura 吧! Kimura 讲究新鲜自然,主要贩卖以水果为主题的各种甜点,像由许多水果合在一起的水果塔、6 种新鲜水果做成的综合果汁,连女生们最爱吃的圣代也都摆上满满的水果,让喜欢吃甜食的朋友能够吃得自然健康无负担,看店内总是满满的人潮就知道其受欢迎的程度了。

蛸の彻角田店

- ☎ 06-6314-0847
- 🏠 大阪市北区角田町 1-10
- 🕐 11:30—23:00,平日午餐11:30—15:00
- ¥ たこ烧(章鱼烧)600 日元
- 🌐 takonotetsu.com

● 推荐理由 ●
能够自己动手做章鱼烧的有趣餐厅,三五好友一同来吃最适合。

　　大阪名物章鱼烧,相信许多人都吃过,但自己如何动手做呢?蛸の彻是一家提供顾客自己动手滚章鱼烧的餐厅,点好想吃的口味后,店员会帮忙在烤盘上涂上油,再放入配料与粉浆,接下来就是自己上场的时间了。待粉浆遇热稍稍凝固后,开始将章鱼烧滚成球状,对第一次动手做章鱼烧的人来说,这可不是容易的事,有时店员看到客人忙不过来时,还会插手帮忙一下。烤好的章鱼烧再依个人口味淋上酱料,独一无二的章鱼烧就完成啰!

心斋桥

北むら

- 06-6245-4129
- 大阪市中央区东心斋桥 1-16-27
- 16:00—22:00,周日、节假日先休息
- shimizu.or.jp/kitamura

● 推荐理由 ●
百年历史的寿喜烧名店,顶级牛肉沾点特制沾酱,让人吃过后还一直念念不忘。

好吃的寿喜烧除了要有肉质佳的牛肉,最关键的是酱。创建已经超过百年历史的北むら提供最正统的关西风寿喜烧,将菜与肉分开炖煮,鲜嫩的肉先加入砂糖煎得软嫩,起锅后裹上生鸡蛋,若一口吃下去,实在享受。接着用锅内的肉汁加入昆布汁炖煮蔬菜与豆腐,透过锅内的汤汁进而煎煮出最佳的口感,起锅以后,再蘸点特制的沾酱,日本肉料理与蔬菜美味的结合所形成的极致享受,尽在其中。

総本家浪花そば 心斋桥本店

- 06-6241-9201
- 大阪市中央区心斋 桥筋 1-4-32
- 11:00—23:00,周日、节假日 至 21:30

● 推荐理由 ●
用3种鱼干熬煮而成关西风味的精华汤头与一定比例才能做出滑顺入口的手工荞麦面,如此费工的料理,不来尝尝就可惜了。

从充满了游客的热闹心斋桥商店街转入巷弄,一栋日本民家风古意浓浓的建筑物就矗立在街角,在乌龙面盛行的大阪,总本家浪花そば卖得却是荞麦面。提到面类最重要的汤头,浪花そば是以鲣鱼、鲭鱼和沙丁鱼等3种鱼干熬煮出融合的鲜味,不用昆布因此呈现透明美丽的琥珀色,味道正是关西风的精华甜味。每天手工的荞麦面则以面粉和荞麦粉的7:3比例制作,面条刻意切得较细,十分滑顺入口,每天厨师大约要做上400人份才够用。来到浪花そば,推荐可品尝迷你怀石,可一次吃到生鱼片、天妇罗、煮物等日本料理,主角的荞麦面则是依季节变换色彩,加入梅子、樱花、柚子或芝麻,让视觉、味觉都得到满足。

黑毛和牛烧肉一东心斋桥店

☎ 06-6214-2941
🏠 大阪市中央区东心斋桥 2-8-11
🕐 17:00—24:00
🌐 www.yakiniku-ichi.com

● 推荐理由 ●
除了一般牛肉，也可吃到许多稀少部位的牛肉之难得滋味。

　　烧肉一是对肉类专精的专家集团，凭着多年所培育出的经验及知识，有自信的用合理的价钱提供新鲜且高质量的黑毛和牛，对于能从日本各地选用最高级的食材上桌感到十分骄傲，除了和牛外，当然也提供神户牛，能在店内一边沉浸于祥和的气氛，一边慢慢享用美味的餐点。和牛的烹调熟度可依照客人的喜好各自指定，讲究质量的肉每一口皆是入口即化，简直是喜爱牛肉者的天堂。

　　东心斋桥店有桌位及包厢，非常受好友及情侣的喜爱，而邻近的心斋桥店则有桌位及榻榻米和室，不管是带家人来或多人数聚餐都很适合，两家店铺从心斋桥站都只需步行 5 分钟便能抵达，便利的交通使每位顾客都能从车站很方便地前来，而这也是烧肉一选择在此处开店的原因之一，如果不晓得怎么走，也能打电话询问，会有客服人员亲切且耐心地说明方向。烧肉一总是将顾客的喜悦放在第一位，用最谨慎的服务态度，希望每位顾客都能在高级的用餐空间里品尝最高级且美味的黑毛和牛。

salon de MonCher 本店～心斋桥

☎ 06-6241-4499
🏠 大阪市中央区西心斋桥 1-13-21
🕐 10:00—21:00，不定休
🌐 www.moncher.com

● 推荐理由 ●
人气排队商品清爽不腻的鲜奶油蛋糕卷，入口即化的好滋味让你回味无穷。

　　MonCher 最著名的人气商品就是奶油蛋糕卷，精华的鲜奶油是使用北海道的新鲜鲜乳制成的，绵密清爽、入口即化，与台式奶油偏油又腻口是完全不同的口感，怕吃奶油的人也可以大胆尝试看看，会对奶油大为改观。位于心斋桥的堂岛附设了咖啡厅，咖啡厅布置走华丽宫廷风，享受宛如贵妇般的午茶时光，真是一大享受。

美国村

元祖 ICE DOG

- 06-6281-8089
- 大阪市中央区西心斋桥 1-7-11
- 11:00—21:00
- ice-dog.net/index.html

推荐理由

冷热交替的奇妙口感，要亲身体验才能知道其个中滋味。

　　ICE DOG，冰狗？其实这是一种相对于"热狗"的小吃。由老理发厅改建而成的元祖 ICE DOG 其实是老板为了求新求变，进而创意发想而出的大阪名物。在刚炸好的热乎的面包中夹入冰淇淋，有种冷热冲突，但一口咬进嘴里又融合得天衣无缝的奇妙口感；不只有传统的香草口味，老板也研发出巧克力、抹茶等创新口味，吃上一口，就会爱上。

北极星

- 06-6211-7829
- 大阪市中央区西心斋桥 2-7-27
- 11:30—22:00，周六、周日、节假日 11:00—22:00，新年休息
- hokkyokusei.jp

　　要说关西最好吃的蛋包饭，当地人大多都会推荐北极星。这一家荣登各大媒体杂志的蛋包饭老铺，究竟有怎样的魅力让大人小孩都喜爱呢？原来，深受日本民众喜爱的蛋包饭正是于 1926 年诞生于此！北极星本店无论外观或店内空间，都像日本和食料理店，坐在榻榻米上品尝西洋风味十足的蛋包饭，更是独特的美食体验。口味多样包括标准的鸡肉蛋包饭、鲜菇蛋包饭、牛肉蛋包饭，甚至还有龙虾蛋包饭。如果不想只吃蛋包饭，也有一些套餐，附加沙拉、炸可丽饼等配菜，但蛋包饭的分量相对也会变小，很适合女性朋友。

日本桥

福太郎 本店

☎ 06-6634-2951
🏠 大阪市中央区千日前 2-3-17
🕐 17:00 至次日 0:30，周六、周日、节假日 12:00—0:00，别馆周六、周日、节假日 15:00—17:00 不开放，年中无休

● 推荐理由 ●

多种选择的大阪烧与葱烧，个个美味可口，也是上班族下班小酌聚集的店，满室的欢笑声和热闹非凡的气氛，美味又加成了。

除了美味的大阪烧，福太郎轻松欢乐的氛围也是一大卖点，当店人气第一是葱烧类的猪肉葱烧，面糊洒上大量的葱，最后放上鹿儿岛产的最高级猪肉；大阪烧类排名第一则是猪肉、鸡蛋大阪烧，由面糊、高丽菜、红姜、猪肉和蛋食材制作，上桌香气四溢，令人食指大动，滑嫩偏软的口感与他店不同，高丽菜非一般使用生的，而是事先调味煮过，与面糊融为一体隐藏了存在感，但也替面糊带出蔬菜的香甜味。

玉制家

☎ 06-6213-2374
🏠 大阪市中央区千日前 1-4-4
🕐 14:00 至售完为止，周四、周日、节假日（彼岸：含春分秋分的前后 3 日、盂兰盆节照常营业）休息

● 推荐理由 ●

现点现做的御荻，最简单的味道，却是最难忘怀的滋味，百年口碑传承绝对是实至名归。

和菓子おはぎ（御荻）老铺于明治三十二年（1899 年）大阪难波创业，而后搬至现址。三代目店主簗濑先生说，おはぎ只用砂糖与盐来调味，简单就是最好的味道。店内只卖红豆粒、红豆泥、黄豆粉 3 种口味，都是现点现做，而每种口味也都各有拥护者，人气之高，从未开店时就已出现排队长龙就可略知一二。

住在大阪

◎ 大阪格拉斯米尔蒙特利酒店

　　酒店距离大阪市航空总站仅 200 米，出门就是 JR 站，步行到心斋桥或道顿堀商业街都在 10 分钟以内。客房拥有英式风格的内饰，宽敞舒适，干净别致。酒店还设有一家艺术博物馆；地下一层是一个大超市，买东西很方便。

🏠 大阪市浪速区凑町 1-2-3　☎ 066 645 7111　💰 双人间 700~1 000 元人民币 / 间，三人间 1 200~1 400 元人民币 / 间　🌐 www.hotelmonterey.co.jp

◎ 大阪心斋桥方舟酒店（原大阪方舟酒店）

　　酒店距心斋桥购物区只有 5 分钟的步行路程，毗邻长堀桥地铁站，距大阪水族馆有 15 分钟的步行路程，交通十分便利。

🏠 大阪府大阪市中央区岛之内 1-19-18　☎ 066 252 5111　💰 双人间 600~800 元人民币 / 间，三人间 600~1 000 元人民币 / 间　🌐 www.ark-hotel.co.jp

◎ 新大阪心斋桥酒店

　　酒店位于大阪市中心，距心斋桥站有 2 分钟的步行路程，距大阪城为 10 分钟的火车车程，距难波区为 15 分钟的步行路程。酒店的 Adustam 餐厅供应含西式和日式菜肴在内的自助早餐，还供应晚餐。

🏠 大阪市中央区西心斋桥 1-10-36　☎ 066 121 5555　💰 双人间 500~700 元人民币 / 间　🌐 shinsaibashi-noh.jp

◎ 大阪日航国际酒店

　　酒店坐落在大丸百货的正对面，出门即有众多购物和休闲场所。住在这里可以从 31 楼的休息室欣赏大阪天际线的美丽景色，非常适合拍摄大阪城市全景。酒店距难波站有 15 分钟的步行路程。

🏠 大阪市中央区西心斋桥 1-3-3　☎ 066 244 1111　💰 双人间 800~1 300 元人民币 / 间，三人间 2 100~2 500 元人民币 / 间　🌐 www.hno.co.jp

◎ 大阪天然温泉超级酒店

酒店是大阪唯一一家纯天然温泉酒店，提供室内温泉，每天可以无限次地泡澡！住宿时还会给女生赠送洗漱用品包，包括浴球、面膜、乳液、肌肉松弛贴等。酒店距千日前线的阿波座地铁站仅有5分钟的步行路程，距离大阪城有15分钟的火车车程。

🏠 大阪市西区江户堀3-6-35 ☎ 066 447 9000 💰 双人间300~500元人民币/间 🌐 www.superhoteljapan.com

◎ 大阪新阪急酒店

酒店与梅田站相连通，距大阪站有3分钟的步行路程，距GrandFront Osaka购物中心有1分钟的步行路程。

🏠 本馆：大阪市北区芝田1-1-35；副馆：大阪市北区芝田1-8-1 ☎ 066 372 5101 💰 双人间700~1 000元人民币/间，三人间1 200~1 400元人民币/间 🌐 www.hankyu-hotel.com

◎ 大阪希尔顿酒店

酒店坐落在繁华的商业购物区内，距日本环球影城有20分钟的车程，距离难波和心斋桥区均有不到15分钟的火车车程。住在这里可以在5分钟步行路程外的Herbis Plaza广场乘坐机场大巴前往关西国际机场。另外，客房可欣赏到大阪绝佳的市景，非常适合观夜景。

🏠 大阪市北区梅田1-8-8 ☎ 066 347 7111 💰 双人间900~1 200元人民币/间，三人间1 300~1 500元人民币/间 🌐 www.hilton.com.cn

玩在大阪

日本环球影城

2001年3月31日开业的日本环球影城，不同于一般乐园，从好莱坞诞生的电影主题相当明确与独特，不仅传承美国加州与佛罗里达州两座环球影城的精神，更加入许多日本独创与限定的表演，从游乐设施到园区的街景仿造电影场景，游客们可一睹曾出现在电影里的道具与布景，无论大人小孩，都能够亲身感受最欢乐的电影世界。特别值得一提的是，这里还最大限度地还原了《哈利·波特》电影中的主体场景——霍格沃茨城堡，园内还有各式围绕哈利·波特为主题的互动活动及商店。

🏠 大阪市此花区樱岛2-1-33 🚉 JR ゆめ咲线ユニバーサルシティ驿出站即达 ☎ 06-6465-3000 💴 1天券：成人（12岁以上）7 400日元，儿童（4~11岁）4 980日元，老人（65岁以上）6 650日元；2天券：成人12 450日元，儿童8 420日元 🌐 www.usj.tw ❗ 如果有时间，还可前往在同一区域的大阪海游馆。这里拥有620种、近3万只海洋生物，将太平洋火山带以及生命带的海底自然生物链生动地展现在游客面前

大阪巨蛋

　　大阪巨蛋于 1997 年 3 月 1 日建成并投入使用，整个建筑顶戴蜿蜒之边，造型别具一格，最高上座率可达 48 000 人次。大阪巨蛋是日本职业棒球太平洋联盟球队欧力士野牛队的主场，阪神猛虎队也会因为日本高校棒球大赛夏季比赛而将自己所在主场甲子园让出，而把部分比赛搬至此地。此外，大阪巨蛋还经常有日本偶像举行巡回演唱会。如果时间宽裕，可到巨蛋内体验一场激烈的棒球赛或者一场精彩的演唱会，相信可以让你更近距离地感受日本文化。大阪巨蛋的建筑和比赛或演唱会整体氛围都是不错的拍摄内容，来到这里不要错过。

🏠 大阪市西区千代崎 3-2-1　www.kyoceradome-osaka.jp

大阪城

　　大阪城是丰臣秀吉统一日本后为了显示自己的权力而修建的，整个工程耗时 3 年，于 1593 年修建完毕。几百年间，大阪城历经战火，但是在大阪民众的努力下，于昭和六年得以重建，一直保存至今，是大阪最具代表性的建筑群之一。

　　大阪城除了最著名的天守阁之外，还有几处古迹文物也不容错过，如大手门、千贯橹、火药库焰硝藏、丰国神社等，而西之丸庭园、默林更是赏花季节的热门景点。搭乘水上巴士，从大川开始可欣赏到开阔的水岸景观，一路穿越大阪的桥梁，这是一条认识大阪水都风华的捷径。也可逛逛日本第一长的天神桥筋商店街。

🚇 地铁谷町线天满桥站，长堀鹤见绿地线、中央线森ノ宫站，JR 大阪环状线大阪城公园站等各站步行 5 分钟

造币局

每年 4 月中下旬时，造币局从南门到北门间，长达 560 米的樱花步道开满 117 种樱花，是在明治初年从藤堂藩仓库移植而来，并在 1883 年开放让一般市民参观。每年樱花满开的一个礼拜期间，这条关西第一樱花步道即会开放。而在造币局旁也会同时摆起路边摊，在樱花漫飞下游逛摊贩，吃着大阪庶民小吃，充分体验日本专属的风情。

大阪市北区天满 1-1-79　06-6351-5361　樱花季开放时免费参观　www.mint.go.jp/sakura

四天王寺

创建于推古天皇元年的四天王寺迄今已有 1400 余年的历史，由日本佛教始祖圣德太子所建，如今已被指定为国家重要文化遗产，寺院境内最值得一看的是中心伽蓝，包括仁王门、五重塔、金堂等，是二次大战后依飞鸟时代的建筑式样重新修复而成。

大阪市天王寺区四天王寺 1-11-18　06-6771-0066　中心伽蓝、本坊庭园 4～9 月 8:30—16:30，10 月至次年 3 月 8:30—16:00(本坊庭园最后入场时间为关门前 30 分钟)，六时堂 8:30—18:00　中心伽蓝：大人 300 日元、大高中学生 200 日元、初中小学生免费。本坊庭园：大人 300 日元、学生 200 日元。宝物馆：大人 500 日元、大高中学生 300 日元、初中小学生免费　www.shitennoji.or.jp

Chapter 5

京都购物游
完美指南

- **118** 京都热门购物区
- **146** 边买边吃
- **156** 住在京都
- **158** 玩在京都

京都热门购物区

京都駅周边

京都车站空间相当广大，设施更是先进，尤其是崭新高科技结构的外观，让许多来到京都探寻古都风味的游客都大吃一惊，谁承想以古都著称的京都，给游客的第一印象会是这般现代化的风貌。身为京都的交通枢纽，车站内就有着许多体贴游客的设施，此外，车站就直接与伊势丹百货连接，并有直通京都地铁的地下通道并可一路通往京都塔，八条口更有近铁京都车站、利木津巴士乘车处，无论购物或转乘机能都相当齐全。稍微离开车站与京都塔的大路旁，古寺磅礴而立，香道老铺和古老园林，就隐藏在现代化的街道风景间，从京都车站开始，就可以体会到京都市古今融合的印象。

◎ 交通路线&出站信息

● 电车

JR 西日本京都车站： 京都线（4-5号月台）；湖西线（3号月台）；琵琶湖线（2号月台）；奈良线（8-10号月台）、山阴本线．嵯峨野线（32-33号月台）。关空特急はるか（30号月台）；往北陆的福井、金泽、富山地区；往中部的长野、高山地区；往东北、北海道的秋田、青森、札幌地区；往关东的新潟、草津地区等特急列车（0号月台）。往和歌山、白浜、鸟取、大阪特急列车（6-7号月台）；往福知山、城崎温泉、天桥立、东舞鹤的特急列车（31号月台）。

JR 东海京都车站： 往名古屋、东方方向东海道新干线（11-12号月台）；往新大阪、博多方向东海道新干线（13-14号月台）

近畿日本铁道京都车站： 京都线京都地铁京都车站：乌丸线

● 巴士（数字为可搭乘巴士号码）

京都车站前巴士站

A1 巴士站： 往【平安神宫・银阁寺】5

A2 巴士站： 往【四条河原町・下鸭神社】4、17、104、205

A3 巴士站： 往【四条大宫・千本通】206

B1 巴士站： 往【二条城・上贺茂】9

B2 巴士站： 往【二条城・北野天满宫・金阁寺】50、101

B3 巴士站： 往【梅小路公园】205、快速205、208

C1 巴士站： 往【西大路通・九条车库】205、快速205、86、88、101、103、104、105

C2 巴士站： 京都交通・丹海バス

C3 巴士站： 京都バス（往大原方面）

C4 巴士站： 往【东寺・久世・中书岛】16、19、42、78、81、特81、南5、105

C5 巴士站： 往【洛西・大秦映画村】33、特33、73、75

C6 巴士站： 京都バス・京阪バス（往岚山、比睿山方面）

D1 巴士站： 往【三十三间堂・清水寺・平安神宫银阁寺】100、110

D2 巴士站： 往【三十三间堂・清水寺・东福寺】86、88、206、208

D3 巴士站： 往【妙心寺・岚山・大觉寺】26、8

● 出站便利通

※ 由京都车站中央口出来，登上手扶梯上2F，就能看到观光案内所，在这里可以拿到京都的观光资料与各项服务。

※ 欲搭乘空港利木津巴士可从京都车站八条口出站，步行约3分钟至京阪京都饭店前的巴士站搭乘。

※ 前往西本愿寺从京都车站前的巴士总站搭乘9、28、75号往西贺茂车库的京都市巴士，在西本愿寺前下车即达。

※ 前往东寺可搭乘近畿日本铁道只要一站距离，在东寺驿下车即达。或从

京都车站前的巴士总站搭乘202、208号京都市巴士,在东寺东门前下即达。

※ 前往东本愿寺从京都车站沿着乌丸通步行约5分钟即可抵达,从东本愿寺往东步行约3分钟即为涉成园,往西步行约10分钟便是西本愿寺。

※ 前往京都铁道博物馆从京都车站搭乘205、208号京都市巴士,在梅小路公园前下车即达。

※ 三十三间堂距离较远,搭乘206、208号京都市巴士,在博物馆三十三间堂前下车;或是搭乘地铁转乘京阪电车至七条駅步行5分钟即达。

JR 京都伊势丹

- 075-352-1111
- 京都市下京区乌丸通盐小路下ル东盐小路町
- 10:00—20:00，不定休
- kyoto.wjr-isetan.co.jp

京都车站大楼的 JR 伊势丹百货于 2008 年完成改装，包括各种话题性十足的餐厅、咖啡馆到让京都人更美更有疗愈感的美妆、杂货小物一应俱全，游逛空间带有时尚感却能够让人感到舒服，成为许多京都美人的通勤必逛之处。

THE CUBE

- 075-371-2134
- 京都市下京区 乌丸通盐小路下ル东盐小路町 901
- 11:00—20:00（依店铺而异）
- www.thecube.co.jp

京都车站大楼内的 THE CUBE 相当具有人气，占据了共 4 层楼的面积，分为 11 楼的美食、1 楼的京都果子、B1F 的特产与 B2F 的流行等区域，请来将近 200 间热门的店家和柜位。由于柜位十分集中，有书店、药妆、服饰与京都必买伴手礼，不分男女老少通通能够被满足。

みやげ小路京小町

- 依店铺而异
- THE CUBE B1F
- 8:30—20:00
- www.thecube.co.jp

来到京都一定要带回家的和风杂货、京都酱菜、抹茶等所有想得到的京都特色产品通通都被搜罗到みやげ小路中，受欢迎的渍物名店"西利"还开了一家餐厅，可以先来这里尝尝京都酱菜的变化料理，再决定买哪一种回去馈赠亲友。

121

京名菓

- 075-365-8602
- THE CUBE B1F
- 9:00—20:00（可依季节延长30分钟）

集合了京都最具代表性的50家老店的和果子，每家店都拿出最招牌的商品，超过150种的点心有如艺术品般被展示在店内，包括おたべ的生八桥、豆政的五色豆、鹤屋吉信的"京观世"、龟屋良永的御池煎饼，还可依顾客喜好将各家果子包装成一盒，如果不知道买什么当土产，来这准没错。

PORTA

- 075-365-7528
- 京都市下京区乌丸通塩小路下ル东塩小路町902
- 购物10:00—20:00（周五、周六至20:30），美食11:00—22:00
- www.porta.co.jp

位于京都车站下方的PORTA，其宽敞清爽的空间让人逛起来十分舒服，长长的地下街中有各种店铺，包括书店、服装、药妆等，并有京都多家土特产进驻，对于赶时间的旅客来说，可以立刻买到所需的商品。PORTA的美食街也提供丰富选择，而且快速方便，即使一个人独自用餐也不会感到不舒适。

LADER

- 京都市南区东九条西山王町12F
- 11:00—19:00，周二、三休息
- www.lader.jp

● 推荐理由 ●
厌倦了市面上一成不变的厨房用具？简单设计颠覆传统料理思维！

一面靛蓝砖墙和白色拉门前的脚踏车，低调的店面让人一不小心就会错过。一般厨房用具针对女性设计偏可爱缤纷，但LADER想推荐简单中性的设计，所以就往其他非厨房领域去找适合在厨房使用的工具；展示木铁架上摆着化学理工用的实验烧杯和试管夹，顺理成章似的成了厨房量杯和沥干海绵的工具。除了贩售厨房生活用具之外，LADER也是一家简餐咖啡店，但特别的是这里的"器皿点餐"。开放式厨房前长桌上摆放着各种尺寸和不同设计的杯盘，器皿前方就是该餐点的说明，让点餐多了乐趣。如果喜欢自己用的餐具，最后还能买回家呢。

YODOBASHI 京都

☎ 075-351-1010
🏠 京都市下京区乌丸通七条下る东塩小路町 590-2
🕘 9:30—22:00
🌐 www.yodobashi.com Tax-free Shop

在日本各地都有分店的大型家电贩卖店 YODOBASHI，于 2010 年 11 月在京都车站前开设了一家复合型大楼，在这里不只有电器，举凡时尚、美妆、家用、杂货甚至是餐厅、咖啡厅，一次就能满足一家大小的逛街需求，也为京都车站前再添一处购物休闲新去处。

Kyoto Denim

☎ 075-352-1053
🏠 京都市下京区小稻荷町 79-3-104
🕘 10:00—20:00
🌐 kyoto-denim.jp

● 推荐理由 ●
京都自有品牌，别处买不到的日风丹宁时尚。

2008 年问世的品牌 KYOTO Denim，由 1977 年出生的青年设计师桑山丰章所主导，利用日本和服的传统技法，将天然草木染、西阵织、京友禅等京都传统的工艺融入牛仔裤的设计中，就连铜扣也印上了代表京都季节的樱花，而立体剪裁则是让女性看起来更显瘦，一推出就大受欢迎。位于京都车站旁的店铺可是此品牌唯一的直营店，喜欢传统结合现代设计的朋友可别错过了。

负野薰玉堂

☎ 075-371-0162
🏠 京都府京都市下京区堀川通西本愿寺前
🕘 9:00—17:30，每月第 1、3 个周日，日本新年休息
🌐 www.KungyokudoSr.co.jp

● 推荐理由 ●
参加香道体验，从文化了解历史，进而提升气质。

创建超过 400 年的国宝级老铺薰玉堂，致力于香道的普及与推广，在总店的 3 楼开设有了以一般人为对象的香道体验教室。这个香道体验教室不仅是京都，就连在日本也相当罕见，进行闻香游戏之前，还另有 30 分钟的香道历史简介。

四条・河原町

　　四条通、河原町通与乌丸通、三条通所围成的地区是京都最热闹的繁华街，也是造访京都必逛的购物与美食区。在这里集中了多家年轻人必去的流行百货商场与服饰精品店；御池通与四条通所隔住的寺町通由寺町商店街与新京极商店街所串联，是许多年轻人喜欢游逛的商店街。街道上面覆盖着遮雨棚，包括书店、服饰、药妆等，让游客无论是艳阳还是雨天都能在这里尽情购物。越过鸭川再向东走去便是祇园，而先斗町、木屋町更是京都夜生活的精华区，美食餐厅、居酒屋、Bar 等都集中在这里，不看地图随意走，处处都会有意想不到的惊喜！

◎ 交通路线&出站信息
● 电车
阪急电铁河原町驿：京都本线
阪急电铁乌丸驿：京都本线
京都地铁四条驿：乌丸线
京都地铁乌丸御池驿：乌丸线、东西线
京都地铁京都市役所前驿：东西线
京都地铁三条京阪驿：东西线
京阪电车三条驿：京阪本线
京阪电车祇园四条驿：京阪本线

● **巴士（数字为可搭乘巴士号码）**

四条河原町巴士站

 A巴士站：往【山越】10、15、37、59
 B巴士站：往【三条京阪】11、12
 C巴士站：往【京都驿】4、17、80、205
 D巴士站：往【千本通・立命馆大学】12、31、32、46、51、201、207
 E巴士站：往【松尾桥・京都驿】3、5、11、203
 F巴士站：往【祇园・平安神宫】3146、201、203、207、100日元循环バス（西诘）
 G巴士站：往【下鸭神社・北大路BT】4、205
 H巴士站：往【出町柳・银阁寺】3、17
 I巴士站：往【平安神宫・银阁寺・岩仓】5、32、100日元循环バス（北诘）

四条乌丸巴士站

 J巴士站：往【三条京阪】5、11、31、100日元循环バス（西诘）
 K巴士站：往【京都驿】5、26、43、101
 L巴士站：往【千本通・立命馆大学】12、32、46、55、101、201、207
 M巴士站：往【四条通・松尾桥・久世高雄】3、8、11、13、特13、临13、26、29、91、203
 N巴士站：往【祇园・平安神宫】3、12、32、46、201、203、207
 O巴士站：往【立命馆大学・岩仓】51、65

● **出站便利通**

 ※从阪急河原町驿步行至祇园八坂神社约10分钟；步行至四条乌丸路口也大约10分钟，可以把整个区域串联起来一起逛。

 ※从阪急京都线河原町驿下车，沿着四条通往东步行约2分钟即为夜生活热闹的木屋町通、先斗町通地区，再往东走过四条大桥就是祇园地区。

 ※从阪急京都线乌丸驿或京都市地下铁乌丸线的四条驿下车，出站的十字路口就是COCON KARASUMA、沿着四条通往东步行约1分钟就是大丸百货。走入大丸百货旁的东洞院通，朝北步行的第一个路口即为锦市场入口，往东延伸至新京极通的锦小路都是市场范围。

 ※从阪急京都线河原町驿下车，出站的十字路口就有O1O1百货、高岛屋百货、河原町OPA百货等多家购物中心，沿着四条通往西步行约2分钟即达年轻人最爱的新京极通、寺町通商店街，四条通的另一侧则有时尚流行百货藤井大丸。

 ※从阪急京都线河原町驿下车，出站沿着河原町通往北步行约5分钟可抵达另外深受年轻族群欢迎的BAL与mina百货。

京都高岛屋

- 075-221-8811
- 京都市下京区四条通河原町西入真町52
- 10:00—20:00,不定休
- www.takashimaya.co.jp

河原町四条交叉口是京都最热闹的地区,高岛屋就矗立于其中一角,除了丰富的商品与齐全柜位之外,较特别的是2006年完成的美食街京回廊,分为家庭区、流行区与老铺区,以日本茅草屋、石庭等意象设计出现代空间,打造出优雅精致的美食气氛。

大丸百货

- 075-211-8111
- 京都市下京区四条 通高仓西入立卖西町79
- 10:00—20:00,8楼餐厅11:00—20:00,1/1休息
- www.daimaru.co.jp

由于位处最热闹的河原町,大丸百货就成了京都婆婆妈妈们的最爱,最受欢迎的当然是包括地下一楼的美食区,不但京都特色的老铺和果子和各种让人垂涎三尺的西洋甜点,还有近20家专卖熟食的店铺,鳗鱼、玉子烧、天妇罗、烤鸡串等,美味程度和旁边的锦市场相比可是毫不逊色。

藤井大丸

- 075-221-8181
- 京都市下京区四条寺町
- 10:30—20:00
- www.fujiidaimaru.co.jp

虽然距离不到500米,但是藤井大丸与大丸百货可是毫无关系,这个1912年就开业的京都老牌百货为了和周边的商店有所区别,请来许多年轻人最爱的潮流品牌进驻,从生活杂货plaza、Franc Franc到United Arrows、IENA服饰,成了京都品位人士购物的最佳去处。百货的地下一楼与阪急河原町出口10连接,不必出站就能轻松到达。

京都 O1O1

- 075-257-0101
- 京都市下京区四条通河原町东入真町68
- 10:30—20:30、B1食品卖店约8:00—22:00、7～8F餐厅11:00—22:00
- www.0101.co.jp

　　日本的老牌时尚百货公司O1O1，除了有时下最新品牌店铺之外，还有流行感十足的大尺码服饰及运动商品店等丰富多样的型态专柜，受到日本民众的爱戴。而2011年4月丸井的新店"京都O1O1"也首度于京都四条河原町开业，京都O1O1紧连阪急电铁河原町駅，位于西日本有名的繁华街道四条河原町的交叉口处，邻近祇园，十分便于京都观光。京都O1O1内有53家店铺，其中包含杂货咖啡店以及时尚服饰品牌，男性服饰与杂货也一应俱全，适合全家人的血拼购物。

KOTO CROSS

- 京都市下京区四条通河原町北东角
- 依店铺而异
- kotocross.hankyu.co.jp

　　KOTO所指的就是古都，而cross则代表了四条河原町的交叉口。矗立于河原町重要街角的KOTO CROSS是阪急百货为了创业100周年而设立的京都地标，不但进驻书店、时尚服饰与多家美味餐厅，更是以打造出一个流行、情报与美食的发信中心为目标，受到大家好评。

mina

- 075-222-8470
- 京都市中京区河原町通三条下ル大黑町58
- 购物11:00—21:00、餐厅11:00—23:00
- www.mina-kyoto.com

　　位于河原町通上醒目的mina是京都年轻女性中人气最高的百货，昔日原址上的京都宝家剧场因为受到附近现代电影院开业的影响而没落，因此重新建设了这栋充满时尚感的流行大楼，锁定20～30岁的女性，服饰、美食与健身中心等女性关心的店铺齐聚，还有京都最大的UNIQLO、LOFT可以逛。

OPA

- 075-255-8111
- 京都市中京区河原町通四条上ル
- 11:00—21:00，4F 餐厅 11:00—23:00，不定休
- www.opa-club.com

河原町的 OPA 之于京都就像涩谷的 109 之于东京，是年轻辣妹的大本营，商品从衣服、鞋子、包包、内衣、化妆品、首饰等配件，到假发、假睫毛都光鲜亮丽的不得了，只要是 VIVI 或 JJ 杂志上、电视明星最流行的造型，立刻就可在此找到。

古今乌丸 COCON KARASUMA

- 075-352-3800
- 京都市下京区乌丸通四条下ル水银屋町 620
- 11:00—0:00，不定休
- www.coconkarasuma.com

古今乌丸位于四条乌丸的大路交叉口，是将旧有建筑重新再利用的购物百货。外观充满日本传统风的唐长文样，由知名建筑师隈研吾操刀，以生活美学为提案的各家店铺深受年轻人喜爱，如北欧设计魅力的 Actus、和风唐纸的 KIRA KARACHO、百种色彩绚烂且香气各异的线香 lisn 等，异国风美食餐厅则以现代和风的气氛让料理更添美味。

niki niki

- 075-254-8284
- 京都市下京区四条通西木屋町角
- 11:00—19:00
- www.nikiniki.co.jp

来到京都的游客多少都会带点生八桥当作伴手礼赠送亲友。由老铺圣护院八桥研发，结合传统生八桥，将之转换成一个个可爱又精致的现代风和果子，nikiniki 不但受到游客喜爱，连在地人都是极力推荐。位于河原町转角的小店面常常挤满人，精美造型很适合当作伴手礼。

六角馆 SAKURA 堂 KYOTO

☎ 075-221-2121
🏠 京都市中京区新町通六角下る六角町351
🕐 11:30—18:0 0，不定休
🌐 www.rokkakukan-sakurado.com/

● 推荐理由 ●
布满樱花图样的化妆笔具，最适合有着少女心的女孩们。

　　Sakurado 是化妆笔业界第一家专卖店，拥有 60 年的历史，外观由日式旧建筑改装而成，满布京都风的优雅气质。店面位于京都中心四条、乌丸的步行圈内，不论是由乌丸御池駅或是由阪急乌丸駅出发，都是步行约 8 分钟便可抵达，交通上十分便利，加上邻近许多观光景点，前来 Sakurado 购物时顺道参观其他著名景点最适合不过了。店内各式各样的化妆笔具皆是由广岛及熊野等地所严选并集结的材料所制成，种类多达 200 种可供挑选，采用日本傲视全球的传统技术，由专家一支一支手工制作，一旦使用过都会真心喜爱上，其他品牌的笔具可能就再也用不习惯了。拥有各种用途的笔们具有丰富的变化，可轻易展现女人之美，从毛质、笔尖、笔轴都追求对于美丽的坚持，也因此受到海内外顾客们的喜爱与支持，不论是自用或是送礼都非常适合。

　　而店内的多种化妆笔具中，又以店内原创的樱笔最受欢迎，实用的彩妆笔上妆点着朵朵可爱的樱花图样，令女孩们无法抵抗，另外一款极具人气的则是有着花朵形状的洗颜刷，能改善暗沉、轻柔洁净毛孔内的脏污，用如此梦幻的刷具来洗脸更是会让人拥有一整天的好心情呢。

铃木松风堂

☎ 075-231-5003
🏠 京都市中京区柳马场 六角下ル井筒屋町 409、410
🕐 10:00—19:00，年末年始休息
🌐 www.shofudo.co.jp

　　铃木松风堂位于小巷弄中，木质古味建筑门口有写着"纸の和杂货"的青蛙彩绘。青蛙日文是かえる，改变的日文也是かえる，店主取其谐音，期许能"改变纸、改变环境"，让纸有更多可能性，使人们更喜欢用纸制品，让人回归自然。走进店里，灯光照映的是色彩缤纷的和纸杂货，和风包装纸、钱包、纸皿、纸灯、纸盒等，甚至纸制手机保护壳，让人大呼惊奇，原来纸的用途这么多！

さんび堂

- 075-341-2121
- 京都市下京区室町通绫小路下ル白天町 504
- 11:00—19:00 周二、年末年始休息
- www.e-arakawa.com/sanbido/

拥有127年历史的荒川益次郎商店为一间"半衿"专门店,半衿是和服领巾,利用颜色多样的半衿让和服穿搭变化更丰富。现代人和服穿得少了,这些和服小物销售即渐衰退,于是荒川益次郎商店以"布的现代使用"为源头,开发出多样化产品,如包包、手帕、围巾、挂饰,甚至是包装酒的布包等,延伸更多用途。为了给消费者全新意象,开设了さんび堂作为和小物与风吕敷的卖店,可以买到最具风格的日式小物。

唐草屋

- 075-221-0390
- 京都市中京区室町六角下ル鲤山町 510
- 11:00—18:00,周二、年末年始休息
- www.karakusaya.co.jp

有112年历史的唐草屋是"风吕敷"专门店,风吕敷是过去日本人用来装出门物品,或是馈赠礼物时包装礼物的布,材质有绢、丝、棉等,甚至还有艺术化的京友禅、西阵织作成的商品。唐草屋在不舍弃传统风华的前提下,创作出许多保有古京都美学的现代风格设计,每季都会推出不同花纹,让人百逛不厌。

布屋みさやま

- 075-231-8126
- 京都市中京区东洞院六角下ル
- 10:00—18:30,日本新年休息
- www.nunoyamisayama.com

在东洞院通上游逛,纯白色的布屋みさやま以透明橱窗内的美丽和风杂货吸引行人的目光,强调以日本之心为品牌精神开业,布屋みさやま贩卖餐具、文具、薰香、居家杂货、服饰配件等,希望顾客借由这些精致商品让人从五感体验追求极致的日本精神。

上羽绘惣

☎ 075-351-0693

🏠 京都市下京区东洞院通松原上ル灯笼町东侧

🕘 9:00—17:00，周六、节假日休息

🌐 www.gofun-nail.com/

> ● 推荐理由 ●
> 颜色丰富、好擦好卸，最重要的是天然无毒，是每个美眉都必须入手的美甲小物。

上羽绘惣的商品在全日本多处都能买得到，行前可上网查询"胡粉ネイル取扱店铺"一项创建于1751年的上羽绘惣，本业是制作颜料的公司，从260多年前，就利用天然贝壳研磨成的胡粉制作各式绘画用颜料，日本画、人形娃娃、寺庙艺术等都会使用到，是日本古老工艺用品之一。而现在上羽绘惣更创造了胡粉指甲油，使用天然贝壳粉制成的指甲油，没了化学臭味，也更天然无害，透气性高、易上色，也快干，更有金粉款与加入精油款，满足了女性的美丽需求。更棒的是，它无须去光水，用一般酒精或专用卸甲液即可卸净。

八百一本馆

☎ 075-223-0801

🏠 京都市中京区东洞院通三条下る三文字町220番地

🕘 7:00—21:00，无休

🌐 www.kyotoyaoichihonkan.com

由数十家京都在地老铺品牌结合而成的精致食材卖场，以蔬果店日文"八百屋"为名，立志做到蔬果店首选的八百一，目前已经在日本全国各地百货专柜推广开来，但规模最大的还是在京都本馆。八百一的企业理念除了带给顾客美味的食材外，还开辟了多个农场，让员工学习农作进而了解爱护农产品的心，灌注了满满心意的食材，才能烹调出最高的美味。在八百一本馆，另设有两家餐厅可以立即品尝利用京都在地食材做出的料理，也可以到顶楼参观代表八百一理念的六角农场。

京うちわ 阿以波

- 075-221-1460
- 京都市中京区柳马场通六角下ル井筒屋町424
- 9:00—18:00，周六9:00—12:00，周日、节假日休息。4~7月无休
- www.kyo-aiba.jp

工房不开放参观团扇是日本夏季的风物诗，与浴衣、祭典、花火相映成趣的京小物，不单是日常随身用品，也凝缩了季节之美。阿以波的团扇已经跳脱单纯的日常用品，成为可以左右空间视觉主轴的艺术品。除了大家常见的纸面团扇之外，阿以波的镂空纸雕团扇，是结合了造型、构图与团扇特有的结构美的设计，具有强烈的主题性与故事性，纤细的工法完美平衡了精致与力度、华丽与典雅；将传统去芜存菁，撷取最纯粹的美感，优雅与嬉游之心并存，这样独树一帜的团扇作品不单在日本仅此一家，放诸海外也绝无分号。

寿大楼 寿ビルヂング

- 京都市下京区河原町通四条下ル市之町251-2

● **推荐理由** ●
京都代表性怀旧大楼，大人游乐场般，每推开一扇门都是新体验。

昭和二年建成的寿大楼是京都怀旧建筑里少有的白色砖石造大楼，简洁的造型甚有古典主义的均衡感，大门上的拱型壁饰颇见气派，阶梯的木质扶手、每家店或工作间的隔板上都留着以往使用过的痕迹。每层都挑高的寿大楼共有5层，想要搭乘电梯时必须沿着电梯指标一直往后方走，走出寿大楼到了隔壁栋建筑里搭乘，抵达要去的楼面时又再通过空中走道走回来，这是寿大楼提升便利度又不破坏现有结构的做法。怀旧大楼的每家店、餐厅、艺廊都有各自的营业时间，最不适合拜访寿大楼的日子是每周四。

minä perhonen

- 075-353-8990
- 寿大楼1F
- 12:00—20:00
- www.mina-perhonen.jp

多次登上巴黎时装周的皆川明以布料设计闻名，minä perhonen 就是皆川明的直营店。店名 minä 是芬兰文的"我"，perhonen 则是"蝴蝶"之意。从大楼前的店广告牌到入口木门上的玻璃窗，全都是蝴蝶，推门入内，雪白壁面上就是一张蝴蝶图样的布料作成的"画"。在京都店里，minä perhonen 的各产品线服饰都有，女装为主，也有童装，男士服饰极少。和丹麦家居品牌弗利兹·汉森（Fritz Hansen）合作的座椅可在此订购，还有各式的布料（这是皆川明最著名的商品）也可以按所需尺寸购买。

Crochet 京都

- 075-744-0840
- 京都市下京区绫小路富小路东入盐屋町69
- 10:30—19:00，不定休，详见官网
- crcht.com

● 推荐理由 ●
从一颗糖果的缤纷色彩看到整个日本文化的现代包装。

今西制果为创立于1876年的京饴老铺，其"京饴·绫小路"可是京饴中的名牌，传承百年的手工滋味，具现古都风雅的气品。曾任日本洋果子名店 Henri Charpentier 制作人的池村武彦遇见了今西制果的社长，有了今西制果为技术后盾，他开始了京饴的全新尝试。欧陆的糖果追求缤纷炫目的色彩，而传统的京饴则着重在滋味的呈现，如何融合两者之长，创造出崭新的京饴，池村先生从色彩里找故事。京都是色彩的都市。池村先生自其中萃取灵感与故事，运用在京饴中，创作出宛如皇朝再现的华丽风采，色泽的呈现很西方，色彩的选择却很东洋。虽然色泽鲜艳到让人提心吊胆，Crochet 用的都是自然食用色素，光艳照人的效果源于今西制果的传统手制京饴技术。钩针所编织出来的30余种口味，每一种口味都有自己的颜色与专属故事，不妨前来探索。

村上重

☎ 075-351-1737
🏠 京都市下京区西木屋町四条下る船头町190
🕘 9:00—19:00，周末、节假日 7:30—19:00，1/1～1/3 休息
🌐 www.murakamijyuhonten.co.jp

● 推荐理由 ●
内行人才懂的淡雅滋味，是京都伴手礼低调却高雅的不二首选。

名气响亮却没有设分店，重度粉丝只能千里迢迢地跑来这里选购，络绎不绝的客人证明坚持下的好味道。全京都只有一家的名渍物屋，比起大量复制的商业模式，只想给予独一无二。村上重180年来一直都以おもてなし——不分你我的心意来做渍物，而今村上彻社长想要借重年轻人的力量，将这份心意传承下去，除了渍物外，更以崭新的形式经营旅宿 Bijuu。

龟屋良长

☎ 075-221-2005
🏠 京都市下京区四条通油小路西入柏屋町17-19
🕘 9:00—18:00，1月1～2日休息
🌐 kameyayoshinaga.com

● 推荐理由 ●
有趣的和果子体验带人进入和文化，自己做的果子最好吃！

和果子体验须事先以电话预约被誉为是"京果子名门"的龟屋良长，创业时的名果"乌羽玉"至今已有200年以上的历史。使用日本最南端"波间岛"产的黑糖，尝起来表层甘甜还有深蕴的糖香，内馅绵密扎实，风味典雅。另外龟屋良长为了让更多人能够体验做和果子的乐趣，特别开设了和果子教室，在不同的季节前来还能体验不同的和果子。

SOU SOU 伊势木棉

☎ 075-212-9324

🏠 京都市中京区新京极四条上ル中之町579-8

🕙 11:00—20:00

🌐 www.sousou.co.jp

● 推荐理由
独树一格的和风小物,不管是自用或买来送人都十分适合。

江户时代工人穿的传统便靴,现在摇身一变成为年轻人的新宠,酷炫的印花外观及实穿耐操的机能,无论是在室内穿着或是搭配七分裤都很引人注目。以工作便靴打响名号的SOU SOU成立唯一的布料专门店,让传统走入现代,制作出更多符合潮流的商品,如手机吊饰、日本风布包,也可以单独购买布料自己变化出更多品项。如果你也喜欢随身小物,绝不能错过SOU SOU那结合传统手工艺的舒适质感与和洋风格的摩登设计。

くろちく天正馆

☎ 075-256-5000

🏠 京都市中京区新町通锦小路上ル百足屋町380

🕙 10:00—18:00,1月1～3日休息

🌐 www.kurochiku.co.jp/omise/tenshokan

● 推荐理由
多样式的和风小物让人看得目不暇接,东挑西选买得好满足。

くろちく的创办者黑竹节人先生,致力于推广京都文化的传统与再生,在町家建筑和和杂货重返流行的风潮里,扮演着重要的推手角色。旗下的同名品牌くろちく天正馆位于新町通上,是隐藏在町家建筑里的和杂货店,贩卖由くろちく挑选的京味商品,从和风小袋、手拭巾、ちりめん布织小物等不一而足,狭长的店内深处则是精美的人形艺廊。

三条

对大多人来说,京都是千年古都,然而京都的面向不只如此,不同于繁华的河原町四条一带,三条通两旁旧中带新的建筑更是透露出不同于别处的怀旧氛围。京都的怀旧建筑集中区以三条通为主,这里大多是大型机构的京都分社或分店,现在则吸引很多对历史气氛有兴趣的个性商店和艺廊选在怀旧大楼中设点;再加上近年众多潮店和潮牌也纷纷选择三条通设立分店,怀旧大楼和新兴店铺使得三条通的气氛格外时髦。

◎ 交通路线&出站信息

● **电车**

阪急电铁河原町驛: 京都本线
京都地铁乌丸御池驛: 乌丸线、东西线
京都地铁京都市役所前驛: 东西线
京都地铁三条京阪驛: 东西线
京阪电车三条驛: 京阪本线

● **巴士(数字为可搭乘巴士号码)**

河原町三条巴士站

A巴士站: 往【三条京阪】10、15、37、59
B巴士站: 往【京都驛・九条车库】4、17、205
C巴士站: 往【京都驛】5 51
D巴士站: 往【京都外大・松尾桥・山越】3、11、32
E巴士站: 往【锦林车库・银阁寺・岩仓】5、32、100日元循环バス(南诘)
F巴士站: 往【北大路BT・上贺茂神社】4、205

G 巴士站： 往【锦林车库 北白川仕伏町】3、17、100 日元循环バス（北诘）
H 巴士站： 往【立命馆大学·山越】10、15、37、59

● **出站便利通**

※ 从河原町三条巴士站下车，沿着三条通往西走是许多个性小店聚集的区域，相较于人潮众多的百货公司更吸引有型的风格男女。

※ 从京都市地铁乌丸线或东西线的乌丸御池駅下车，沿着乌丸通往南步行约 1 分钟就是町家风格个性小店齐聚的姉小路。

※ 从京阪电车三条駅 3、4、5 号出口，或是地铁东西线的三条京阪駅 2 号出口出站，就可以看到日本风情十足的餐厅商城 KYOUEN。

※ 从三条一带，到河原町、乌丸、祇园区域都在步行范围内，可以用步行的方式逛遍京都最好买的精华地带。

鸠居堂

☎ 75-231-0510
🏠 京都市中京区寺町姉小路上ル下本能寺前町 520
🕙 10:00—18:00，周日（节假日正常营业）、1月1~3日休息
🌐 www.kyukyodo.co.jp

● 推荐理由 ●
重度文具迷的必逛老铺，优雅和风让人心花怒放。

创建于 1663 年的鸠居堂是江户时代的老铺，专卖线香与和风文具，举凡因应四季的各式薰香，以及图案美丽的信纸、明信片、便条纸、笔墨等文具皆有，充满优雅的京都风情。若想买些伴手礼，手工绘制的和风小信封花色丰富，颇为适合。

Kyoto Design House

☎ 075-221-0200
🏠 京都市中京区福长町 105（富小路通三条上る）俄ビル 1F
🕙 11:00—20:00，日本新年休息
🌐 www.kyoto-dh.com

● 推荐理由 ●
新颖的各式设计，结合传统衍生出全新生命。

Kyoto Design House 的时尚设计杂货，让人能将京都风格带回家！店内陈列的各项商品都是"能够拼凑成京都形状"的商品，从杯碗瓢盆到零食糖果，每一样都是既创新又怀旧的品项。Kyoto Design House 的态度，透过商品，让生活在老京都的现代时光里显得特别深隽、有味道。

祇园

祇园是京都过去最主要的花街，也就是艺妓、舞妓们出没的风月场所，花街时代保存至今的茶屋木造建筑群让祇园飘散着浓浓的京味，现在则是最让游客着迷之处。黄昏时一盏红灯笼在夜色中摇曳，艺妓和舞妓掀起玄关的暖帘、在街道上碎步行走，忙着赶场的她们自然是无法停下脚步陪游客拍照，但光是惊鸿一瞥她们在祇园街道上的姿影，就足以让人兴奋不已，不过近来已经较少见到真正的舞妓或艺妓，大多都是游客所扮，但仍旧会吸引路上人潮疯狂拍照。

◎ 交通路线＆出站信息

● 电车

京都地铁三条京阪駅：东西线
京阪电铁三条駅：京阪本线、鸭东线
京阪电铁祇园四条駅：京阪本线

● 巴士（数字为可搭乘巴士号码）

祇园巴士站

1巴士站：往【东山通·百万遍·银阁寺】31、46、100、201、202、203、206

2巴士站：往【千本通り·壬生·上贺茂神社】12、31、46、80、201、203、207

3巴士站：往【东山七条·京都駅】100、202、206、207

● 出站便利通

※ 在祇园巴士站下车的东大路通与四条通交叉路口就是著名的八坂神社，穿越八坂神社右转可漫步走到高台寺地区。

※ 在祇园巴士站下车沿着四条通往西步行约2分钟就可以看到花见小路通，两旁尽是京风浓浓的町家建筑，有许多真假艺妓在此散步，往南步行约3分钟就可以看到建仁寺。

※ 从京阪电铁祇园四条駅下车出站就是川端通与四条通交叉路口，上演传统戏剧歌舞伎的祇园南座就在旁边，沿着四条通往东尽头正是八坂神社，沿途都有许多店铺可购物或品尝京风甜点。

※ 从京阪电铁祇园四条駅下车出站沿着鸭川旁的川端通往北步行，遇上白川水道转往东步行约3分就是祇园风情浓浓的白川地区，樱花季节一定要造访。

PASS THE BATON KYOTO

- 075-708-3668
- 京都市东山区末吉町77-6
- 11:00—20:00(周日、节假日至19:00)
- www.pass-thebaton.com/

推荐理由
京都老屋翻新设施，浓浓京味让人流连忘返。

　　PASS THE BATON 是一家专卖二手物件的公司，本着爱护地球、减轻环境负担的概念，从回收再利用一些质感好但用不到的物品出发，目前已经有3家分店。经过整理的二手物，高级感到让人看不出来是旧货。而京都店也是选择借由老屋再翻新来重新打造，朴实的外在风貌与店内琳琅丰富的摆设形成了反差，光是视觉感受上就足以收服游客的心。

よーじや

- 075-541-0177
- 京都市东山区祇园四条花见小路东北角
- 10:00—20:00
- www.yojiya.co.jp

　　よーじや的吸油面纸是京都最有人气的必买名物，带有金箔成分的吸油面纸吸油力特强。此外，像纯植物性的香皂、彩妆用品、化妆水、化妆工具、柚子口味的护唇膏等，都很受顾客欢迎，也是大家来这里的首要抢购目标。

一泽信三郎帆布

- 075-541-0436
- 京都市东山区东大路通古门前北知恩院前东大路通西侧
- 9:00—6:00，周二、12月30日至次年1月3日休息，不定休
- www.ichizawashinzaburohanpu.co.jp

推荐理由
京都帆布品牌老铺，用料佳，手工足，虽然价格偏高却是值得拥有。

　　继承传统京都帆布制作技术的一泽信三郎帆布包也是京都出身的人气品牌，细腻质感来自师傅们的手工制作，式样简单却十分耐用，并有种类众多的颜色和花样可供选择，而且随着使用时间的增长，帆布包还会产生使用过后手感与色泽。店里最受欢迎的商品是简单又性格的单色帆布包。

清水寺周边

大致可分为东西南北四区的京都,东面通称东山,而清水寺周边正是此区的精华旅游景点。寺院、古民家,长长斜斜的石叠小径两旁尽是木窗乌瓦的二层楼京风建筑,穿着艳色和服的真假舞妓穿梭其中,许多典型京都风情都可在此一次见到。若不准备在京都市内较大区域的移动,即使几天时间都在东山缓步盘桓,也是感受京都的良策。二年坂、三年坂、高台寺和宁宁之道一带久享盛名,终日游客成群;石塀小路时常清幽无人,隐身其中的石塀喫茶则非常有社区咖啡店安静气氛,闲坐聊天可以感觉京都时间特有的闲静魅力。

◎ 交通路线&出站信息

● 巴士(数字为可搭乘巴士号码)

东大路通往北巴士站: 往【熊野神社、西京円町】202;往【北大路】206;往【祇园、四条大宫】207;往【平安神宫、银阁寺】洛100;往【祇园、四条河原町】80

东大路通往南巴士站: 往【东福寺、九条车库】202、207;往【东山七条、京都駅】206;往【京都駅】洛100

● 出站便利通

※ 于东山安井巴士站下,往西步行约3分钟可达建仁寺,往东步行约5分钟可达高台寺。

※ 于清水道巴士站下,沿着清水坂的坡道往上,步行约10分钟就可看到清水寺,途中遇到七味家的交叉路口就是产宁坂,往下走便可接上二年坂,二年坂尽头就是高台寺。

※ 艺妓漫步的宁宁之道位于高台寺前,另颇有风情的石塀小路则可由宁宁之道走入。

七味家

- ☎ 075-551-0738
- 🏠 京都市东山区清水2丁目产宁坂角
- 🕐 9:00—18:00(冬季至17:00)、夜间拜观期间至21:30
- 🌐 www.shichimiya.co.jp

● 推荐理由 ●
说是清水寺的寺前名物一点也不为过,香辣粉末融合多种滋味,京都优雅的辣度该当如此。

位于产宁坂与清水坂交叉路口的七味家是一家拥有350年历史的老铺,看似不起眼的店内卖的可是京都人餐桌上必备的七味粉。七味指的是各种香辛料的组合,包括辣椒、白姜、麻种、紫苏、陈皮、山椒、胡椒等,吃起来除了辣味之外还带有独特香气,建议可购买放在竹子中的七味粉,让餐桌更具有日本风味。

青龙苑

- ☎ 075-525-2080
- 🏠 京都市东山区清水3-334
- 🕐 各店铺不一
- 🌐 www.seiryu-en.com

● 推荐理由 ●
老町屋中集结了众多伴手礼商店,有美景有美食,进来走走逛逛都很惬意。

在清水寺一带有不少由旧町家建筑改建成的复合式商店,青龙苑就是其中之一。苑内保留了小川治兵卫所造的日式庭园,在诗情画意的池塘、草庵与茶室周边,是京都多家知名品牌小店及餐厅,如白脸娃娃的よーじや、香老铺"松荣堂"、京都千枚渍名店"京つけもの 西利"和老牌咖啡馆"イノダコーヒ"等齐聚。

京都御所・二条城

在东侧的京都御所和西侧的二条城，分别是天皇家与德川幕府将军家，日式建筑与庭园风景美不胜收。由于古时为了应付达官贵人们的日常需求，许多和果子、花道、茶道、工艺品的老店都集中在这一带，百年老铺在一点也不稀奇。虽然这些老铺的门面都相当低调，但是依然吸引了许多日本海内外游客前来朝圣。

◎ 交通路线＆出站信息

● 电车

京都御所

京都地铁京都市役所前驿： 东西线

京都地铁乌丸御池驿： 乌丸线、东西线

京都地铁丸太町驿： 乌丸线

京都地铁今出川驿： 乌丸线

二条城

京都地铁二条城前驿： 东西线

京都地铁二条驿： 东西线 JR

二条驿： 山阴本线（嵯峨野线）

● 巴士（数字为可搭乘巴士号码）

市役所前巴士站

河原町通往北巴士站： 往【银阁寺・锦林车库・北白川仕伏町・北大路BT】3、4、10、17、32、37、59、205

河原町通往南巴士站： 往【三条京阪・京都驿】3、4、10、17、32、37、59、205

御池通往西巴士站： 往【立命馆大学】15、100日元循环巴士

御池通往东巴士站： 往【三条京阪・四条河原町】15、51 二条驿前巴士站

千本通往南巴士站： 往【四条大宫・祇园・京都驿】6、15、46、55、69、201、206

千本通往北巴士站： 往【立命馆大学・百万遍・北大路BT】6、15、46、55、69、201、206

● **出站便利通**

※ 京都御苑占地甚广，搭乘京都地铁乌丸线在丸太町駅或今出川駅下车即达，最为快速。

※ 前往二条城搭乘京都市地铁东西线在二条城前駅下即达。

※ 京都御所往南至御池通，甚至延伸到京都市役所的一整个街廓范围聚集许多昔日为天皇服务的御用老铺，有和果子、京都茶叶等，至今仍保存町家风，也进驻许多可爱小店、咖啡厅，十分适合游逛。

※ 搭乘京都地铁乌丸线或东西线在乌丸御池駅下，一出站的十字路口就可以看到位于西北角的京都国际漫画博物馆，动漫一族绝不能错过。

※ 要往京都大仓饭店，则是由地铁东西线京都市役所前駅出口直结。

京乃雪

- 075-256-7676
- 京都市中京区二条通油小路东入ル西大黑町 331 番地 1
- 10:00～18:00，周三休息
- www.kyonoyuki.com/taiwanese

● **推荐理由** ●
采用温和成分所制成的保养品，让肌肤轻松无负担。

地铁东西线二条城前站下车，2号出口步行3分钟即达。京乃雪是从京都起源的自然系化妆品，希望大家使用后的肌肤都能变得如同京都的瑞雪般白嫩细致，将日本全国各地所产27种和汉植物，长时间浸泡于京都鞍马的天然水中，萃取出美肌提取液，每种成分相加后不但对肌肤温和且充满来自大自然的恩惠，若持续使用可改善肌肤成为健康肌。位于世界遗产二条城附近的京乃雪是由风雅的京町屋改造而成，店内展示了作为原料的和汉植物，让人能放心地购买，店内的店员都十分亲切，可与店员商量讨论并且找到适合自己的商品。店内人气前三名分别是 Recovery Gel Cream 修复乳、Massage Cream 按摩霜及 Original Essence 美容液。洗脸过后只要使用 Recovery Gel Cream 修复乳就能滋润脸部，27种和汉植物精华与珍珠粉能让肌肤变得紧致；弄湿脸颊后待一分钟，使用 Massage Cream 按摩霜浸润皮肤后再洗掉便是简单的按摩，里面的盐分与火山泥能去除老旧角质，让肌肤看起来紧致、光滑，适合对肌肤暗沉及有黑斑困扰的人；而 Original Essence 美容液则是用高丽人参精华来滋润疲惫的肌肤，特别能加强紧致眼角及嘴角，因此最适合用来预防肌肤老化。

此外，京乃雪也推出试用套组，用可爱的樱花花样小布袋，包着限定一周的试用套组，内含卸妆油、天然洗面皂、按摩霜及修复乳四样产品，可拿来当作外出携带用之外，作为伴手礼也很适合，试用套组比原价便宜许多，可别错过这个划算的选项。

靴工房源

☎ 075-822-6396
🏠 京都市中京区西ノ京南圣町 21-42
🕐 13:00—19:00，不定休
🌐 gen.michikusa.jp

推荐理由
量身打造专属于自己的鞋，长期待在关西地方的人一定要拥有。

这家靴工房名为"源"，除了与店主自己姓氏"清原"有关联，店主更喜欢这个汉义中有"从头开始、万物之初"意味的字。在"源"订制皮鞋的步骤大约如此：决定样式、测量脚型后，店主会用 4~5 个月的时间制作样品鞋，再请顾客前来试穿，只要有稍微不自在的地方，都要利用这个阶段仔细调整。定制鞋价格 (含材料、工钱)，分为 4 万到 8 万日元不等，以一双手工鞋来说并不便宜，但这样量身打造专属于自己的鞋，一生真的要拥有一双才会满足。

itokobaco

☎ 075-822-0011
🏠 京都市上京区主税町 1071
🕐 11:00—19:00，周四、节假日休息
🌐 itokobaco.com

推荐理由
就像每个人心中都有的隐藏版劳作教室，一处不被打扰，只专注于创作的快乐时光。

itokobaco 是日本知名毛线织品公司ハマナカ株式会社的直营店，因为深感日本年轻人越来越少自己动手做东西，希望能创造一个让年轻人体验针织乐趣的地方。除了贩售毛线和各式手工艺素材之外，每个月会推出不同的手作课程，从立体花朵胸针、遮阳帽、室内鞋、森林系提袋等，如果是初学者也不用担心，另外有袜子、杯垫等都是第一次可以简单上手、一次 3 个小时就能完成的小作品。如果已经是手工艺爱好者或没时间上课的人，店内也有完整的教学组合袋，内含所有材料和说明书，可以当成送自己的礼物带回家完成。

一保堂

☎ 075-211-3421

🏠 京都市中京区寺町通二条上ル常盘木町 52

🕐 茶铺 9:00—19:00，周日及节假日至 18:00，吃茶室 11:00—17:30，日本新年休息

🌐 www.ippodo-tea.co.jp

● 推荐理由 ●

不只买茶，更能在茶室中品尝煎茶、抹茶，深入了解各种烘焙下茶滋味的差别。

  京都一保堂已经有 280 年的历史，京都总店依然是木造日式传统老屋，店门口随风飞扬的麻布帘，有着浓浓的老铺风情，店内一列列古老的茶罐，更让人除了买茶更想流连其间享受店内独有的茶香与历史感。进入附设的吃茶室嘉木便可以满足这个愿望；名字来自唐朝陆羽《茶经》一书的"茶者，南方之嘉木也"，店内供应日本茶，并随季节变换不同口味的和果子。

GION

☎ 075-802-1501

🏠 京都市上京区中务町 491-23（千本丸太町东入る北侧）

🕐 9:30—18:30，周六 9:30—17:00。节日及周日，不定时周六休息

🌐 miraclegion.jp/

● 推荐理由 ●

可先在网上订购等到有空时直接到店面取货。

  到日本除了买衣服、药妆、可爱小物，近年来最火红的就非买电器莫属了，从吹风机到水波炉到吸尘器等都是大家抢购的重点项目。GION 的交通十分便利，距二条城步行只需要 10 分钟。由于是属于家电制品的批发店，因此有些商品能比一般的大型电器行都还要便宜，商品从灯泡、一般家电、美容家电甚至空调类的家电等皆有贩售，有负离子功能的 Nano Care 吹风机与美颜机等都是近来很受欢迎的人气商品。由于贩售的品项实在太多，店内并非全品项皆有排列展示出来，因此建议事前先在网站上预购，像来自海外的游客就可提早订购预放于店中，等待有空时再来取货非常方便。

  店内可提供免税服务，所以标价与网络上不同，店面是未税价而网络上则是含税价，购买时可稍微计算扣除税后的真正价格，便能知道 GION 是多么的划算。

边买边吃

京都駅周边

京都拉面小路

☎ 075-361-4401
🏠 京都市下京区乌丸通塩小路下ル东塩小路町京都车站ビル 10F
🕐 11:00—22:00
🌐 www.kyotoramen-koji.com

● **推荐理由**
各路拉面集结一方，不知道吃什么的时候总是第一个想到这里！

京都拉面小路集合了日本最红火的多家人气拉面店，要用最浓醇味美的汤头、口感绝佳的面条和叉烧肉，将京都车站里的人潮通通都给吸引过来。每年这里的拉面店都会有所变动，目前有的店家是东京的大胜轩、富山的麺家いろは、京都的ますたに、大阪的あらうま堂、德岛的ラーメン东大、博多的一幸舍、福岛的喜多方坂内食堂等。想要尽尝日本各地的拉面美味，来到这里准没有错！

五条·河原町

AWOMB

☎ 075-204-5543
🏠 京都市中京区姥柳町 189 番地
🕐 12:00—15:00，18:00—20:00
🌐 www.awomb.com

● 推荐理由 ●
独一无二的手织寿司，一口咬进最新鲜也最真实的京都旬味。

　　AWOMB 的新店面选择改建带有京都风味的町屋，店长亲自参与整修，从刷漆到洗木头都不经他人之手。没有柱子的全白宽敞空间，希望客人来到店内用餐就像婴儿在母亲的体内一样，既舒适又能得到营养，因此将餐厅取名为 A（一个）WOMB（子宫）。人气招牌料理"手织寿司"更堪称一道绝美精致的艺术品。以日文"织"字里包含的"组合"意义为概念，AWOMB 的手织寿司以当季京都家常菜为中心，在黑色石盘上层层堆栈摆放牛蒡、金时萝卜、真姬菇、鲑鱼等各式各样寿司素材与新鲜时蔬，并提供梅肉、石野味噌、奶油起司、杏仁……高达 14 种天然调味料。在特制的小巧竹帘上，搭配海苔、晶莹剔透的醋饭，随心所欲制作出独一无二的手织寿司，一口咬进最新鲜也最真实的京都旬味。

Kawa Café

☎ 075-341-0115
🏠 京都市下京区木屋町通松原上ル美浓屋町 176-1
🕐 10:30—24:00
🌐 www.kawa-cafe.com

● 推荐理由 ●
明亮空间，暖暖的日式情调，来这里就能享受正宗京都小清新。

　　Kawa Café 是位于京都乌丸五条的著名法式料理餐厅 à peu près 的鸭川别邸。由传统京都家改建的 Kawa Café，维持了骨构但打掉向阳的那一面墙，一推开大落地窗，就可以走到纳凉露台，夏天正是川床纳凉的最佳场所。店家自豪的法式吐司早午餐包含了吸足蛋汁牛奶、煎得松软酥脆的法国面包和草莓酱，微苦的芝麻菜拌上微酸的意大利油醋，再加上滑嫩的奶油蛋和煎培根，尝起来既清爽又饱足，配着咖啡欧蕾，川床也吹起了纽约风，简单却也不负 à peu près 一贯恰到好处的优雅与美味。

甘党 弥次㐂多

☎ 075-351-0708

🏠 京都市下京区四条河原町下ル三筋目东入ル 北市之町 240-2

🕐 11:30—19:00，周二（遇节假日顺延）休息

推荐理由
日式甜点简单美味，毫无做作之态。

拥有50多年历史的弥次㐂多是跟着京都人长大的老味道。从第一代传到现在的第四代，不变的是那种坚持慢工细活的扎实感，弹牙的白玉汤圆，甜度刚好的红豆馅都是多年来不变的好味道。一碗加了丰富水果、红豆、寒天冻的抹茶冰激凌蜜豆冰是店内的必点甜品。

Soiree

☎ 075-221-0351

🏠 京都市下京区西木屋町四条上ル真町95

🕐 12:00—22:00，周一休息

推荐理由
彩色果冻与轻轻漂浮的气泡，古典却又奇幻的咖啡厅氛围让人念念不忘。

位于木屋町上，充满昭和怀旧风的Soiree，一进入室内，微蓝的昏暗灯光让人稍稍恍惚，举目可及、充满古典主义的欧式怀旧装饰，营造出复古的少女情怀。来到二楼蓝光更加强烈，点了杯招牌果冻，五颜六色的果冻在杯中，加上苏打水反射出的蓝光，让饮料也变得奇幻不已，这时已不在乎滋味，而是静静沉醉在这蓝色的恍惚中。

柚子元

☎ 075-254-0806

🏠 京都市中京区先斗町四条上る锅屋町212

🕐 17:00—23:00

🌐 www.kiwa-group.co.jp/shop/1338280274

推荐理由
柚子香气令人食欲大开，不油不腻的料理堪称一绝！

先斗町上不知为何火锅店特别多，店招牌是个黄澄大柚子的"柚子元"就是其中一家。柚子元卖的是以柚子为主题的各种相关食物：柚子拉面、柚子肉包、柚子酒和柚子火锅等。店里使用的柚子一般比台湾省的柚子小很多，浓郁的香气和略酸的口味相当开胃，而且和肉品十分搭配。吧台的座位有些狭窄，但很有日式小店的气氛。

三条

游形 salon de thé

☎ 075-212-8883
🏠 京都市中京区姉小路通麸屋町东入る姉大东町551
🕐 11:00—19:00，周二休息

● 推荐理由
以染井名水制作的蕨饼原是只有入住俵屋才吃得到的珍味，也成为每桌必点的热门商品。

　　游形 salon de thé 是俵屋第11代当家佐藤年女士所企划制作的咖啡馆，位于俵屋同一条巷弄内，隔壁则是贩售俵屋设计商品与备品的 Gallery 游形。由明治时期的町家改建而成，保存结构并在老式生活氛围下，自佐藤女士长年珍藏挑选出来的北欧经典家具完美地融入和风中。来此特别推荐品尝蕨饼。弹性十足且滑顺的蕨饼装盛在竹筒里，撒上清香的黄豆粉，吃上一口，相当的黏性展现蕨粉弹牙的口感，琥珀色泽是浓醇的证明，入口却融化在轻妙的黑糖滋味与淡淡的植物香气中，是俵屋井水澄澈回甘的软水质地，才能勾引出的清、香、甘、美。

Smart Coffee

☎ 075-231-6547
🏠 京都市中京区寺町通三条上る天性寺前町537
🕐 8:00—19:00
🌐 www.smartcoffee.jp

● 推荐理由
京都人的早餐都吃什么？来这里跟着隔壁桌点就没错！

　　创建于昭和7年的 Smart Coffee 并不聪明，而是老老实实地为每一位顾客提供服务，让人备感倍感温馨。每到早上开店后门口便排着长龙，大家都是为了品尝那怀旧滋味的热松饼。刚煎好的松饼淋上蜂蜜，切开松松软软的饼皮透着微微热气，一早吃了胃都暖了起来。另外也是招牌的法式吐司六面煎到金黄，口感湿润不干，微焦香气极为美味。

六曜社地下店

- 075-241-3026
- 京都市中京区河原町三条下ル大黒町 36 B1F
- 12:00—24:00，周三 18:00—24:00

推荐理由
怀旧老咖啡厅与必吃招牌甜甜圈。

聚集许多日本文人的六曜社，一直是京都的知名文青咖啡厅。从狭长楼梯步下，推开大门意外宽广，青绿色磁砖、木质家具与吊灯组成的空间飘散沉静气氛，除了各式让人激赏的手冲咖啡外，而来此的人大多都会再点一份店里特制的甜甜圈，炸得酥脆外皮，一口咬下内部面体扎实香松，愈吃愈能感受质朴的美味。

伊右卫门 salon

- 075-222-1500
- 京都市中京区三条通乌丸西入御仓町 80
- 8:00—00:00
- www.iyemonsalon.jp

推荐理由
悠闲气氛中细细品味绿茶香。

伊右卫门是日本知名饮料公司 Suntory 旗下的著名茶饮品牌，造访过日本的人大多喝过宝特瓶装，为了让更多人爱上伊右卫门，特地在以茶闻名的京都开设了 salon，除了提供抹茶、煎茶等各种茶饮，以特地请来厨师，运用完全天然的食材、调味料烹调出适合与茶搭配的美食，另外还可以买到各种品茶器具。

祇园

デゴイチ

☎ 075-533-8196

🏠 京都市东山区中之町241花见小路新门前东入ル 2F

🕐 11:00—24:00，周六10:30—24:00，周日、节假日10:00—20:00，不定休

🌐 club-d51.com

推荐理由
铁道迷口耳相传的居酒屋，可以边看铁道模型运行边享用美食。

直接就以老蒸汽火车头 D51 型为名（店名デゴイチ即为 D51 的读音），这家隐藏在花见小路巷子里二楼的居酒屋，拥有日本最大的 HOgauge（轨距 16.5mm，车身为实体的 1/80）铁道模型。来到这里一定要坐在靠铁道模型的吧台桌，用餐时只是盯着模型火车在轨道上运行，似乎迎面就能感受到微风，令人感到放松。デゴイチ的料理就像一般的居酒屋一样，啤酒、炸鸡、炒面等都是十分受欢迎的料理，除此之外，可爱的列车系列甜点更是许多人来这里的目的之一，做成各种造型的冰激凌蛋糕、奶油蛋糕更是征服了男女老幼的味蕾。

権兵卫

☎ 075-561-3350

🏠 京都市东山区祇园町北侧254

🕐 12:00—20:30，周四休息

推荐理由
低调老铺，端上桌的乌东面却是惊人的美味。

说到祇园的乌东面名店，権兵卫可不能不提。许多名人都曾造访的権兵卫，主要是以亲子盖饭闻名，这里的亲子盖饭偏甜，加上山椒粉的微辣十分顺口。而另外比较特别的是玉子とじうどん，若混着浓浓的蛋花汤吃，反倒是十分美味。

祇园きなな

- 075-525-8300
- 京都市东山区祇园町南侧 570 -119
- 11:00—19:00，不定休
- www.kyo-kinana.com

推荐理由
美味和风圣代，不甜不腻，对女孩来说再多也吃得下！

近几年在年轻女性间口耳相传的祇园きなな，就藏在花见小路旁的巷子里。各式口味的和风冰激凌圣代十分受欢迎，像加了胡麻抹茶冰激凌、蓝莓、覆盆子、碎饼干的莓果 KINANA 圣代，除去了圣代的甜腻感，取而代之的是莓果的酸甜与冰激凌的调和。而加了栗子、红豆、蒟蒻等配料的 KINANA 圣代，配着日式焙茶一起享用，更能品味出日式风情。

壹钱洋食

- 075-533-0001
- 京都市东山区祇园町北侧 238
- 11:00 至 次日 3:00、周日、节假日 10:30—22:00
- www.issenyosyoku.co.jp

推荐理由
与京都静雅气质格格不入的搞怪恶趣味，美味料理引人进入尝鲜。

壹钱洋食的店门口有个小孩被狗咬住裤子的人像，意味着好吃到狗会追着咬人的地步，十分醒目且逗趣。全店内就只卖一种食物，也就是招牌的壹钱洋食。这壹钱洋食据说可是大阪烧的始祖，在铁板上用面糊煎出饼皮，再在饼皮上加入洋葱、蒟蒻、蒜、虾及两个蛋，淋上浓厚味重的酱料，是让人难忘的平民美食。

小多福

- 075-561-6502
- 京都市东山区小松町 564 -24
- 10:00—20:00,周四、第四个周三休息

推荐理由
各种口味的萩饼颠覆传统味觉，创新却又充满京都味。

小多福是一家专卖萩饼（一种用米做的和果子）的小店铺，由老奶奶一人当家，亲手为慕名而来的食客们捏出一个个小巧又色彩丰富的萩饼。由天然食材做成的萩饼米粒香 Q，特别推荐品尝市面上较少见的梅子口味与白豆口味。

清水寺周边

%ARABIKA

- 075-746-3669
- 京都市东山区星野町 87-5
- 8:00—18:00，不定休
- www.facebook.com/percentage

● 推荐理由 ●
品味拉花的纯熟，与咖啡、牛奶融合的醇厚口感。

　　%ARABIKA 是来自香港的品牌，店主山口淳一于 2014 年得到了世界拉花冠军的殊荣，现在也是每天站在店头为客人拉花。不只拉花技巧纯熟，自家烘焙的豆子香味宜人，入口不苦不涩，且全店不同于古都气氛，透明玻璃与原木装潢，墙上的世界地图点缀着，味觉就这么跟着咖啡一同旅行于世界中。

十文堂

- 075-525-3733
- 京都市东山区玉水町 76
- 11:30—17:00（卖完为止），周三、四休息
- jumondo.jp

● 推荐理由 ●
特别的迷你串烤团子，每一口滋味不同，满足好奇的每个心。

　　十文堂以伴手礼"铃最中"走红，而其炙烤团子近来也是人气上升，小小的店面里总是挤满人，等着品尝这小巧又可爱的烤团子。烤团子分量不大，每一种口味一口就能吃下，吃完不太饱，也满足了口腹之欲，东山散步途中不妨来这里休息一下。

高台寺 京とみ

☎ 075-533-4167
🏠 京都市东山区高台寺北门前通鹫尾町503-6
🕐 11:30—14:00，17:30—22:00，周一休息

● 推荐理由 ●

不平淡的京料理、不冷淡的料理人，京怀石初体验，这一次京都，不再门外汉。

京料理往往予人平淡之感，其中的奥妙就在于高汤，高汤便是京料理风味的基础。以京都的好水加上优质食材熬煮，追求食材的天然回甘与香气，用以衬托并提炼出食材的最纯正滋味，清淡却绝不是无味。京とみ花样繁茂的前菜、清脆弹牙的生鱼片、酥脆多汁的烤物，细细品味美好食光，不只是眼前美馔，还有美景良辰、以及京都食文化下深厚的历史背景。

ひさご

☎ 075-561-2109
🏠 京都市东山区下河原通八坂鸟居前下ル下河原町484
🕐 11:30—19:30，周一休息（遇节假日延休）

● 推荐理由 ●

人气亲子盖饭名店，就算大排长龙也不惜浪费时间就为了吃一口！

位于石塀小路附近的ひさご，卖的是被称为"京都第一美味"的亲子盖饭。创业超过70年，从以前就深受京都的舞妓们喜爱，以鲣鱼和昆布熬煮而成的高汤炖煮来自丹波的土鸡，然后打入最新鲜的鸡蛋后，便马上起锅盛入丼碗中，再洒上芳香山椒粉正是亲子盖饭的美味基础秘诀。

京都御所・二条城

la madrague

- 075-744-0067
- 京都市中京区上松屋町 706-5
- 11:30—22:00
- d.hatena.ne.jp/ lamadrague/

● 推荐理由
怀旧风格咖啡厅，不只贩卖美食饮料，也贩卖一种难以回去的旧时光景。

　　昭和三十八年（1963年）创建的咖啡老铺SEVEN，因店主人年事已高不得不休业，同样地，位于木屋町的老洋食店コロナ也因店主人过世而让许多老饕因再也吃不到名物"玉子烧三明治"而扼腕不已。传承的断层不管在哪里都很常见，但2011年开业的la madrague则将这两家的精神延续，SEVEN怀旧的店内风景不变，店主人依自己品味选入适合的老物让店内气氛提升，老客人沉浸于SEVEN的旧气息，而对新客人来说，这里有令人放松的特质，长待也不觉得拘束。这里复刻了コロナ的玉子烧三明治，用了5个鸡蛋的超厚煎蛋配上松软吐司，怀旧的味道让人一吃难忘。三明治的量极大，建议可以来吃中餐，或是两人点一份，才不会吃不完。

俵屋吉富

- 075-432-2211
- 京都市上京区室町通上立卖上ル室町头町 285-1
- 8:00—17:00，周日休息
- www.kyogashi.co.jp

● 推荐理由
随季节变化的各式和果子，每一款都细致动人。

　　俵屋吉富为和果子的百年老店，附设的和果子资料馆中珍藏着许多古老的和果子食谱，每页都绘有彩色的和果子设计图，说明每个细节所使用的材料、颜色等，十分细腻。招牌为水嫩滑溜的生果子，口感相当特殊，甜蜜蜜的滋味让喜爱日式甜食的人大呼过瘾，口味多样吃再多也不会腻。

住在京都

◎ Hotel GranVia Kyoto

　　Hotel GranVia Kyoto 除了地利之便外，更拥有充满京都故事的许多客房。其中最值得推荐的，当属正对京都塔的豪华套房"眺洛"，别名"古都の栖家"，是京都名空间设计师杉木源三先生的作品。面北的大片落地窗，沉浸满室暖阳；远山错落、层叠出烟雨朦胧，是专属于眺洛主人的山水画轴；午后一壶闲茶，或是晨光中小小的赖床，甚至是泡在浴缸里享受任性宠爱，皆可尽览京都的四时流转。

🏠 京都市下京区乌丸通盐小路下ル（JR 京都车站中央口）　📞 075-344-8888　🌐 www.granvia-kyoto.co.jp

◎ 姊小路别邸

　　由京都在地旅游生活月刊 *Leaf* 所经营，借由住宿将拥有最新、最大量的在地旅游信息介绍最真实的京都。姊小路别邸是间路地里的小旅馆。由于不想接待太多的客人所以才把旅馆开在这里。比起有形的建筑、装潢与用品，姊小路别邸亦是由无形的分享所构筑的，所以入住姊小路别邸首先别想跑远，这里的工作人员已经先帮你规划好各种京都庶民感小旅行，放胆去问、去要求，因为这就是姊小路别邸的最大卖点。

🏠 京都市中京区姊小路通小川西入る　宫木町 460　📞 075-257-8100　🌐 www.aneyakoji.net

◎ 京阪京都饭店

京阪京都饭店以平实的房价为旅客提供优质的住宿环境,绝佳的交通地理位置更是棒,如果从关西机场搭乘利木津巴士,一到八条口巴士站下车即是饭店,而搭乘新干线、电车,从 JR 京都八条口出站步行不用 3 分钟,不管到哪里都非常方便。与京阪电车同一个集团的京阪京都饭店都还会不定期举行住宿参观京阪电车工厂的活动,让电车迷一窥电车修理场的奥妙。

京都市南区东九条西山王町 31　075-661-0321　www.hotelkeihan-kyoto.com

◎ 葵 KYOTO STAY

考量房客隐私,详细住宿地址在完成订房后由工作人员主动提供,工作人员会于约定时间前往办理。葵 KYOTO STAY 是 2011 年设立的町家旅宿集团,五栋 Villa 型的旅宿,一栋限一组客人,其中"葵・鸭川 邸"的建筑本身拥有百年以上的历史,过去曾是艺妓的住处。左伴高濑川、右傍鸭川,坐拥河畔的四季流转、京都最热闹的四条河原町仅步行 10 分钟之遥、独门独户的传呼式管家服务,无论景致、便利性还是私密性,皆无可挑剔。

京都市下京区木屋町通佛光寺上ル天王町 145-1(葵 KYOTO STAY 事务所)　075-354-7770　kyoto-stay.jp

---

◎ KIZASHI THE SUITE

隐身在京都祇园最热闹的观光大街,KIZASHI THE SUITE 的入口处是纪念品专卖店,旅馆接待处在 3 楼。接待处的欧式风格怀旧典雅,以木制办公桌取代高耸的柜台,就从入住的那一刻起,时间开始缓慢了起来。KIZASHI THE SUITE 融会东西的设计风格与服务,提供许多传统文化体验的客制化方案,让不谙京都文化的旅客也能过过当京都人的瘾。

京都市东山区祇园町北侧 275 倭美坐 3F　075-551-9600　www.kizashi-gion.jp

玩在京都

京都塔

与京都车站同样风格的京都塔,是京都车站前最醒目的地标,建筑以海上灯塔为蓝图所设计,蕴含着照亮京都古老城镇的寓意。京都塔上有展望台,虽然离地面只有100米高,但由于古都的禁建令,一般房舍都不高,所以从这里可以360°欣赏京都的风景。展望台内可以免费使用望远镜,从南侧能仔细欣赏进出京都车站的来往车辆,新干线各系列车都难逃眼底。除了展望台外,京都塔上有餐厅,1楼有特产购物街,地下室则有早上7点就开始营业的大浴场,一大清早从各地抵达京都的旅客们多半会利用这儿休息或梳理一番。

🏠 京都市下京区乌丸七条下ル东塩小路町721-1(JR京都车站正面) ☎ 075-361-3215 🕘 9:00—21:00(最后入场20:40) ¥ 成人770日元,高中生620日元,初中小学生520日元,幼儿(3岁以上)150日元 🌐 www.kyoto-tower.co.jp

东寺

东寺的正式名称为"教王护国寺",是佛教真言宗的寺院,建于平安京迁都时期(794年)。东寺除了有镇守京城的意义外,更有镇护关东地区的目的,在平安历史上备受尊崇。

东寺由被日本人尊为弘法大师(774—835年)的空海和尚创建,弘法大师除了将真言密教传入日本之外,更重要的是创造了日本假名中的片假名。每月21日是弘法大师的忌日,在东寺境内都有俗称"弘法市"的市集举行,热闹非凡。

寺内的五重塔是东寺最具代表性的地标,也是珍贵的历史建筑,53米高的木造塔是日本最高的木造建筑,最初于826年由空海和尚所建,之后经过4次火灾,现在所看到的为1644年德川家光下令建造的。宝物殿里收藏了许多日本国宝级文物,而在讲堂内排列着的21尊佛像,据说是根据《曼陀罗》中的形象创作的,都十分值得观看。

🏠 京都市南区九条町 ☎ 075-691-3325 🕐 18:30—17:30(9月20日至次年3月19日:8:30—16:30) 💴 自由参观 🌐 www.toji.or.jp

🏠 南区九条町 ☎ 075-6913325 🕐 8:30-17:30(9月20日至次年3月19日至16:30,闭门前30分钟停止售票) 🌐 www.toji.or.jp

清水寺

　　清水寺位于京都东部音羽山的山腰上,始建于宝龟九年(778年),是京都最古老的寺院,被列为日本国宝级建筑之一。清水寺是平安时代的建筑物,历史相当悠久,因为寺内拥有一处清泉而得名。由于曾经多次遭受火灾,目前所见的清水寺是1633年时依照原貌重建的。

　　沿着清水坂走向清水寺,首先看到的是清水寺巍峨的红色仁王门。仁王门属切妻式建筑,是日本最正统的屋顶建筑式样。在三重塔附近购买门票后,即进入清水寺正殿范围。这座正殿重建于1633年,建筑样式十分朴素,殿前的木质露台被称为"清水舞台",使用139根木头架构而成,建于断崖上的悬造清水舞台高达12米,榫卯结构,没有动用一根钉子,为日本国宝级文物。初春时,这里樱花烂漫,深秋之际,此处红枫飒飒,是京都著名的欣赏樱花和红枫胜地之一。

　　清水寺本堂正殿中央,供奉着一尊千手观音,这座11面、42臂的千手观音比一般11面、40臂的千手观音多了2臂,最上面左右两臂上各捧着小如来像。这座佛像每隔33年才开放参观(上次开放时间是2000年),是清水寺的信仰中心,也是日本的重要文物。

　　清水寺后方有一个瀑布非常有名,相传喝了这里的水,可以预防疾病与灾难,因此又有"金色水""延命水"的别称,为"日本十大名水"之一。

🏠 东山区清水1　☎ 075-551-1234　🕕 6:00-18:00　💴 成人300日元,中、小学生200日元　🌐 www.kiyomizudera.or.jp

二条城

建于庆长八年（1603年）的二条城，正式名称为"元离宫二条城"，又称"二条御所"，是江户幕府的权力象征，1994年列入《世界文化遗产名录》。

这里和江户幕府将军德川家康有着极深厚的关系，是1602年德川家康在京都的居城。桃山式武家建筑十分华丽，大广间更是1867年日本转变为现代化国家的关键"大政奉还"的仪式场所。除此之外，这里也是每年赏菊、赏梅的好地方。

🏠 中京区二条通堀川西入二条城町541 ☎ 075-841-0096 🕐 8:45—16:00；12月26日至次年1月4日，每年1月、7月、8月、12月的周二（遇节假日顺延）休息 💰 成人600日元，初、高中生350日元，小学生200日元 🌐 www.city.kyoto.jp/bunshi/nijojo

北野天满宫

北野天满宫与太宰府天满宫、防府天满宫并称为"日本三大天神"，其建于949年，主殿入口大门于1845年重建。北野天满宫的主祭神是平安时代的文人学者——菅原道真，他是有名的学问之神，被尊为"学术之神"。

宫内的梅苑则是京都最有名的赏梅所，苑内种植着2 000多株梅树，2月下旬盛开时美不胜收，曾让丰臣秀吉赞叹不已。2月25日梅花祭时，上七轩的艺伎及舞伎也会来此参拜。

每月25日，北野天满宫都有名为天神市的市集，其中又以1月25日的初天神和12月25日的终天神最为热闹。

🏠 上京区马喰町 ☎ 075-461-0005 🕐 夏季5:00—18:00，冬季5:30—17:30 💰 宫内免费；宝物殿（每月25日、1月1日、12月1日、4月10日—5月30日、梅花与红叶季节）成人300日元；梅苑（约2月初—3月中开放）成人600日元 🌐 www.kitanotenmangu.or.jp

龙安寺

龙安寺以枯山水石庭闻名，具有浓郁的日本风情，其创建于室町时代的宝德二年（1450年），是一座临济宗妙心寺派的寺院，已被列入《世界文化遗产名录》。

石庭长30米，宽10米，以白色矮土墙围绕。庭中没有一草一木，白砂被扫成整齐的平行波浪，其中搭配了15块石头。据说，无论从什么角度看，一次只能看到14块石头，只有开悟的人才会看到15块。而如果站在廊下面向外面看的话，石头从左到右以5、2、3、2、3的排列组合设计，象征着浮沉大海上的岛原。白砂、苔原与石块，单纯而简洁的组合被誉为禅意美感的极致。这座石庭也可从佛教的角度来观览，以无垠白砂代表汪洋、以石块代表浮沉人间以及佛教中永恒的蓬莱仙岛。方寸间见无限，就是枯山水的最高境界。

右京区龙安寺御陵下町13　075-463-2216　8:00—17:00（12月至次年2月 8:30-16:30）　成人500日元，中、小学生300日元　www.ryoanji.jp

金阁寺

金阁寺的正式名称为鹿苑寺，因整座寺阁使用金箔贴饰，才有了"金阁寺"这一美名。金阁寺由足利义满于应永四年（1397年）打造，是一座临济宗相国寺派的寺院，为日本室町时代最具代表性的名园。

金阁寺在建筑风格上融合了贵族式的寝殿造型与禅宗形式。三层楼阁的金阁寺位于镜湖池畔，底层为阿弥陀堂法水院，第二层是称为潮音阁的观音殿，最上层则是仿唐室格局的建筑。一只飞舞的金色凤凰矗立在屋顶，十分醒目。四周则是以镜湖池为中心的池泉回游式庭园。天晴之日，金碧辉煌的金阁寺映于水中，倒影摇曳，甚是美丽；每到冬季时，"雪妆金阁"更是令人们向往的梦幻秘景。

昭和二十五年七月二日(1950年)，金阁寺惨遭焚毁，称为"金阁炎上事件"，现在所看到的金阁寺是昭和三十年(1955年)所重建，30年后再贴上金箔复元的。三岛由纪夫以此事件为背景，写成了著名的《金阁寺》一书。

北区金阁寺町1　075-461-0013　9:00—17:00　成人400日元，初中、小学生300日元　www.shokoku-ji.or.jp/kinkakuji

银阁寺

慈照寺通称为"银阁寺",其与金阁寺一样,为日本的国宝级建筑。银阁寺同样由开创室町时代的足利家族所建,但不同的是,室町时代第三代将军——足利义满兴建金阁寺时正在室町时代的全盛期,到了第八代将军——足利义政时发生了应仁之乱(1467—1477年),这是京都有史以来最惨烈的战役,几乎所有建筑都化为废墟。无力平定战乱的义政在1473年辞去将军之职,并在1482年开始兴建银阁寺,当时称为东山殿。战后一片荒凉中,义政难免要保持低调,因此与金阁的夺目耀眼不同,全体造景平淡质朴,本殿银阁也仅以黑漆涂饰,透着素静之美。

银阁寺占地面积约2万平方米,同时拥有枯山水与回游式庭园景观。庭院内的观音殿、东求堂保留着当初原貌,均为国宝级文物。而以锦镜池为中心的池泉回游式山水由义政亲自主导设计,水中倒影、松榕、锦鲤、山石,似乎透露着历经纷乱之后的宁静。枯山水庭园的银沙滩上,有一座白沙砌成的向月台,据说在满月之夜能将月光返照入阁。

🏠 左京区银阁寺町2 📞 075-771-5725 🕐 夏季(3～11月)8:00—17:00,冬季(12月至次年2月)9:00—16:30 💴 成人、高中生500日元,中、小学生300日元
🌐 www.shokoku-ji.or.jp/ginkakuji/index.html

南禅寺

南禅寺正式名称为"瑞龙山太平兴国南禅禅寺",是日本镰仓时代的建筑,为京都名刹之一。南禅寺的建筑风格雄伟宏大,充满禅宗意味。南禅寺范围不小,包括方丈庭园、方丈、三门、水路阁、南禅院等。巨大的三门号称"天下龙门",建于1627年,式样古朴而气势恢宏,站在上层楼阁"五凤楼"可以远眺京都周边美景。

南禅寺的方丈庭园"虎子之渡"是江户初期枯山水庭园的代表,由小堀远州在庆长年间所作。庭内以白砂当作海洋,岩石与花草象征人间天堂,砂海中的两块巨石代表老虎与小虎,描绘着老虎带着幼子前往人间净土的意境。

方丈建筑分为大方丈、小方丈两个部分,其中小方丈在清凉殿后方,是从伏见城移建而来的小书院,其中的《袄绘》(隔间木门上的绘画)色彩缤纷,以狩野探幽的杰作《水吞虎》最为有名。

南禅寺境内的水路阁,始建于1885年,1890年竣工,是明治年间所建的疏水道,被誉为"京都市疏水事业"。红砖拱型的西式建筑古典而优美,沿步道走至水路阁上方,清澈的水流依然奔流不息。穿过水路阁,位于南禅寺高点的南禅院,则是由梦窓疎石所打造的池泉回游式庭园。

从南禅寺道开始到山门,沿途几乎都是出售汤豆腐的店家。秋天来到此地,可以找一处有庭院的店家,一边品尝著名的汤豆腐料理,一边欣赏在阳光下摇曳生姿的枫树。推荐理由:京都必游景点之一,以秋枫闻名,但四季皆能看见其不同风采。

🏠 左京区南禅寺福地町 ☎ 075-771-0365 🕐 12月至次年2月 8:40—16:30,3—11月 8:40—17:00(关门前20分钟停止售票) 💴 境内自由参观。方丈庭园500日元,三门500日元,南禅院300日元 🌐 www.nanzen.com

下鸭神社

有着朱红外观的下鸭神社,拥有古典的舞殿、桥殿、细殿与本殿等建筑,全部的殿社建筑皆按照平安时代的样式所造,线条简洁却带着浓浓的贵族气息。下鸭神社境内还有处特别的地方,就是配置有十二生肖的七座言社,每座言社都代表两个生肖,是十二生肖的守护神社,每个言社都有卖属于自己生肖的守护符和绘马,十分有趣。而下鸭神社的本殿不但是国宝,更是每年5月举行的京都两大祭典流镝马(5月3日)与葵祭(5月15日)的重要舞台,过年时的踢足球仪式也是一大盛事,穿着平安时代贵族衣饰的人物按照古代的仪礼举行各项活动,时空仿佛瞬间拉回了千百年前风雅的平安朝。

🏠 京都市左京区下鸭泉川町59 📞 075-781-0010 🕐 6:30—17:00 💴 自由参观,宝物殿500日元 🌐 www.SHIMOGAMO-JINJA.or.jp

上贺茂神社

上贺茂神社又称贺茂别雷神社,位于鸭川上游,建于678年,是京都最古老的神社,已被列入《世界遗产名录》。朱红色的漆墙、桧皮葺的屋顶,庄重典丽的气质,流露出平安时代的贵族气质。上贺茂神社的祭神贺茂建角身命,是平安时代阴阳师贺茂一族之祖,神社位置在古代风水学上,正好镇守在平安京的鬼门之上。

春暖花开时,参道旁的枝垂樱如瀑布般流泻而下,周围的草坪正好成为野餐的好地点。这里也是举行传统神事活动最多的地方,每年5月5日举行传统行事"贺茂竞马",穿着平安时代贵族服饰的人们策马狂奔,是一年一度的精彩盛事。5月15日,这里举行的"祭奠"为京都三大祭典之一。9月9日,又会举行乌相扑神事等。

🏠 北区上贺茂本山339 📞 075-781-0011 🕐 8:30—18:00,本殿10:00—16:00 💴 门票免费,本殿500日元 🌐 www.kamigamojinja.jp

伏见稻荷大社

建于8世纪的伏见稻荷大社,主要祀奉保佑五谷丰登、生意兴隆、交通安全的稻荷神。伏见稻荷大社还是全日本四万多座稻荷神社的总本社,由此可见香火之盛。

日文中的稻荷是狐狸的意思,在伏见稻荷大社内,随处可见口中叼着稻穗、谷物、书卷等物品,围着红围兜的狐狸石像,一般日本神社常见的石狮子,到了这里也成了狐狸的造型。这些狐狸神像姿态、表情都各有不同,相当有趣,是这里的一大特色。

伏见稻荷大社最有名的景观是千本鸟居,在大社的入口矗立着1589年丰臣秀吉捐赠的大鸟居。鸟居原是象征人界与神界之间的结界,而从江户时代开始,伏见稻荷大社就开始有奉纳鸟居的习惯,目前稻荷大社境内约有一万座的红色鸟居,其中以本殿通往奥殿的一段最为密集。这段被称为"千本鸟居"的甬道已经成为京都最具代表性的景观之一,在电影《艺伎回忆录》中也曾出现过。过了千本鸟居,一路还是有无数鸟居,或密或疏地往大社后方的稻荷山,连绵的气势,震撼人心,但都没有千本鸟居出镜率高。

🏠 伏见区深草薮之内町68 ☎ 075-641-7331 🌐 www.inari.jp

醍醐寺

醍醐寺是日本佛教真言宗醍醐派的总寺,相传由日本真言宗开宗祖师空海大师的徒孙圣宝理源大师始建于874年。醍醐寺开创后,醍醐、朱雀、村上三位天皇,都曾在此皈依,后经不断扩建,形成如今规模,于1994年被列入《世界文化遗产名录》。

寺庙依照山势而建,山上部分叫作上醍醐,山脚部分叫作下醍醐。寺内约有80座建筑物,许多都是日本国宝级古迹。其中建于天历五年(951年)的五重塔,是京都最为古老的建筑物。而寺庙山门右侧的三宝院,是代表丰臣秀吉桃山时代的重要宝藏。

樱花开放时节正是醍醐寺最精彩的时候。700余株粉色垂帘般的枝垂樱,簇拥着塔楼、石板路,更有种别处少见的壮丽气势。醍醐寺每年4月第二个星期日举行的赏樱大会,是昔日丰臣秀吉举行的"醍醐赏樱"会,直到今日,后人仍然遵循古礼,在这一天穿着桃山时代的服装,模仿1598年3月15日那天,在醍醐寺内举办的花见游行。

🏠 伏见区醍醐东大路町22 ☎ 075-571-0002 🕙 三宝院9:00—17:00,11月至次年2月至16:00;上醍醐 9:00—16:00,11月至次年2月开放至17:00(三宝院关闭前30分钟停止售票,上醍醐关闭前1小时停止入场)💴 三宝院、上醍醐均为成人600日元,小学生以下免费 🌐 www.daigoji.or.jp

Chapter 6
神户购物游
完美指南

- **168** 神户热门购物区
- **180** 边买边吃
- **188** 住在神户
- **190** 玩在神户

神户热门购物区

三宫

　　三宫是神户最热闹的街区，JR、阪神、阪急、市营地铁等重要电车路线都在这交会，前往人工岛 PORT ISLAND 的港区捷运线 (PORT LINER) 也从三宫出发。如以电车轨道来横贯划分，铁道以南有颇受年轻人欢迎的百货，包括 OPA、O1O1、SOGO 通通可以找到，路面下的地下街同样能够享受购物乐趣。往西出发则是热闹的商店街，一路直通元町区域，除了逛街血拼，也吸引了各国美食餐饮聚集于此，最值得品尝的，当然就是神户鼎鼎有名的洋果子与神户牛排。再向北就是充满异国风情的异人馆街道，成为吸引年轻人聚集、约会闲晃的聚点。

◎ 交通路线＆出站信息

● 电车

JR 西日本三ノ宮駅： 神户线
神户市地铁三宫駅： 西神线、山手线
神户市地铁三宫・花时计前駅： 海岸线
阪急电气铁道三宫駅： 阪急神户线
阪神电气铁道三宫駅： 阪神本线
神户高速铁道三宫駅： 东西线
神户新交通三宫駅： ポートライナー (PORT LINER) 线

● 出站便利通

※ 三宫駅是由许多铁道路线所组成，每条路线的车站都不同，转乘时需要多预留时间。

※ 事实上三宫的主要游逛区域都是步行就可抵达，从三宫駅往北沿着北野坂步行约 15～20 分钟可达北野，往南步行约 12 分钟可达旧居留地，往西步行约 10 分钟可达元町，从元町再向南行约 10 分钟便可抵达神户港滨。

※ JR 三ノ宮駅西口与阪急三宫駅东口直结，出站就是年轻人喜欢的百货 OPA，经由行人天桥可接到时尚百货 M-int 神户、SOGO、O1O1 等，皆步行约 3 分钟可达。

※ 三宫最热闹的当然就是商店街，车站地下有 Santic 地下街，由阪神电车三宫駅出站即是。而地下街连接处广，依指标就能找到想去的地方。

※ 若想搭乘神户地铁海岸线，除了从地下街连通，也可出三宫车站之后沿着最大条的马路 Flower Road 步行约 5 分钟就可看到车站入口，十字路口上就是著名的花时计。

※ 前往神户有名的生田神社从车站北侧出站，就在东急手创馆后面。

※ 沿着高架铁道，从三宫至元町一段路线下方同样有许多商店可逛，就是年轻人最喜欢的 Piazza Kobe。

※ 若想搭乘机场巴士到关西机场，在 JR 三ノ宮駅西侧，神户交通中心大楼旁的巴士站，在自动售票机处购票即可搭乘。

三宫中心商店街

- 依店铺而异
- 神户市中央区三宫町1~3丁目
- 依店铺而异
- www.kobe-sc.jp

● 推荐理由 ●
超好逛的商店街,一路通向元町连成一气,一次买遍手上清单!

走出三宫车站就会看到的三宫中心商店街是神户地区最热闹的商店街,从三宫可以一路往西逛到元町地区,再沿着元町商店街向西走便能直直通到神户车站。由于商店街顶头有遮雨棚,即使艳阳天或下大雨依然能购买个尽兴,举凡服饰、配件、文具、书籍或各种服务,只要想得到的店家都能够在此找到,平行的2丁目也同样有许多专门店,如人气商店Uniqlo、Zara都很好逛。

SAN CENTER PLAZA

- 078-331-5311
- 神户市中央区三宫町2-11-1
- 依店铺而异
- 3nomiya.net

● 推荐理由 ●
地下街美食便宜又好吃,每到用餐时段人潮满满,美味不言而喻。

位于三宫中心商店街的SAN CENTER PLAZA是一个复合式购物中心,其又可分为SAN PLAZA、CENTER PLAZA、PLAZA WEST三大区,购物用餐一网打尽。与一般购物中心不同的是,其中PLAZA WEST可以说是神户的动漫中心,2~5楼进驻了许多动漫相关商店,有点像是东京中野的动漫特区,又被称为神户的"御宅街"。B1还有美食街与公立市场,在此还可以买到酱菜并品尝美食,是个符合各族群阶层的购物商城。而看起来毫不起眼的地下楼层,更是集结了当地知名庶民餐厅,用餐时间跟着长龙排队准不会有错!

神户 Mediterrasse

☎ 078-335-2181
🏠 神户市中央区三宫町 2-11-3
🕐 11:00—21:00，不定休
🌐 mediterrasse.jp

● 推荐理由
光看到建筑就觉得像置身欧洲般梦幻，进来逛逛感染优雅气息。

神户三宫街道出现一个宛如欧洲小城的购物中心，2005 年底开业的 Mediterrasse 是由旗下日本知名品牌的服装公司 WORLD 所开设的第一座时尚概念购物城，其移植法国南部马赛的旧公寓，橘红色与浅蓝色的公寓外墙顿时让神户的街道充满了个性化异国风情。Mediterrasse 内共四层楼，不只有高级服饰，还有杂货、咖啡厅、美妆店等，为女性打造出一个时尚异国的购物环境。

Nackymade

☎ 078-251-3211
🏠 神户市中央区几边通 4-21 松屋ビル 1F
🕐 14:00—20:00（需预约），周三休息
🌐 www.nackymade.com

● 推荐理由
不只与众不同，更能打造专属自己脸型的眼镜。

nackymade 是全日本少见专属定做的眼镜工房，当客人走入表达想订制眼镜时，老板会请客人从现场展示 100 种以上花色的镜框中选择自己喜欢的，仔细丈量顾客脸型，不厌其烦地询问顾客的年龄、职业、个性等，过程中为客人建议适合的形状、款式，尽全力设计出适合顾客的形式。

元町

　　元町拥有精华荟萃的元町商店街穿过,假日总是人潮汹涌,无论是洋果子老铺或传出阵阵香气的炸可乐饼肉店,若想寻找美味,只要看准排队长龙准没错。元町商店街里可说是应有尽有,流行度虽然不如三宫商店街,但要找到满满的在地风情来这里准没错。除了元町商店街,在商店街的南边还有个唐人风情的南京町。每到了农历新年,在这里也会看到盛大的新年祭典,像舞龙舞狮、古人游行等,十分有趣。

◎ 交通路线&出站信息

● 电车

JR 西日本元町駅: 神户线(东海道本线)
阪神电气轨道・神户高速铁道元町駅: 阪神本线、东西线
神户市地铁旧居留地・大丸前駅: 海岸线
神户市地铁みなと元町駅: 海岸线

● 出站便利通

　※ 若是从三宫駅闲逛过来元町地区可不需搭乘电车,若搭电车直接抵达元町,从元町駅的南侧出口往南步行约 1 分钟便是最热闹的元町商店街与大丸百货前。

　※ 从元町商店街再往南走过几个店面就可以看到一个中华味浓浓的牌楼,这就是神户中华街南京町的入口,往西步行约 2 分钟即是最主要的南京町广场。

　※ 沿着元町商店街一直向西边逛边走,就会到达神户駅,但需要走约 30 分钟才能到达,赶时间的人建议还是搭乘电车。

　※ 其实元町也可算是和旧居留地为同一区,南边是以杂货出名的荣町,大丸百货的东南方向则是许多洋风建筑最集中的地区。

　※ 从元町车站沿着主要道路的落日大道往东步行约 3 分钟就是年轻人聚集,最悠闲的 TOR ROAD,主要的个性化小店就分布于 TOR ROAD 街道两旁与 TOR ROAD 至鲤川筋中间的巷弄内。

元町商店街

- ☎ 078-391-0831（元町商店街连合会）
- 🏠 神户市中央区元町通 1 丁目～6 丁目
- 🕐 依各店而异
- 🌐 www.kobemotomachi.or.jp

从鲤川筋至神户高速铁道东西线的公元町駅间、东西向绵延长达 2 千米的商店街正是深受当地人喜爱的元町商店街，百货公司、名牌服饰、餐厅、书局、糕饼老铺、甜点店、生杂货、土特产纪念品店、药妆店等应有尽有，商店街上方还有拱顶罩着，不论外头刮风下雨，都不会坏了逛街兴致。如果有时间，沿着元町商店街一路向西南走去，便能连接神户駅，来到 HARBOR LAND。

familiar 神户元町本店

- ☎ 078-321-2468
- 🏠 神户市中央区元町通 1-6-10
- 🕐 11:00—19:00，周三不定休（详见官网）
- 🌐 www.familiar.co.jp

● **推荐理由**
神的发迹的童装名牌。

由于元町是许多神户贵妇们的逛街区域，锁定品位父母的童装 familiar 当然也要在此占有一席之地，由 4 个女生从母亲角度出发所创立的品牌以一只可爱的白熊为商标，站在门口吸引顾客，1 楼为婴幼儿区域，2 楼则为 130 厘米以上的儿童服，除了琳琅满目的商品之外，还有颇受小朋友青睐的 3 楼游戏区。

Madu

- ☎ 078-391-0380
- 🏠 神户市中央区三宫町 3-6-1 BAL ANNEX Ⅲ
- 🕐 11:00—20:00
- 🌐 www.madu.jp

● **推荐理由**
挑高空间逛来很舒服，选进商品很有神户的时尚水平。

2000 年 12 月开业的 Madu 名字很法国，小巷内的两层楼店铺拥有大面清透玻璃让温暖的阳光洒入，店里店外洋溢着浓浓的异国风情。这里专卖独家生活用品，是杂货迷们的最爱，从餐桌、卧室、厨房到浴室，可找到所有与生活相关、质感绝佳的用品。

旧居留地

　　神户大丸百货周边拥有一系列充满新文艺复兴风格的欧风建筑，是 100 多年前神户开港时所建的街道，由于是过去的外国人居住地区，留下来许多旧建筑物和纪念碑，因此被称为旧居留地，形成此区处处可见的历史特色，如今只见更多的精品名牌店、露天咖啡座纷纷进驻，街道也更加宽敞整洁舒适，优雅而清爽，是关西地区最具欧洲情调的街道。在这欧风浓浓的怀旧街道眺望神户的港町暮色，让人仿佛来到欧洲，更能贴近有别于日本其他地区的洋风情绪。

◎ 交通路线&出站信息

● 电车

JR 西日本三ノ宫駅： 神户线
阪急电气铁道三宫駅： 阪急神户线
阪神电气铁道三宫駅： 阪神本线
神户高速铁道三宫駅： 东西线
神户市地铁旧居留地・大丸前駅： 海岸线
神户新交通三宫駅： ポートライナー (PORT LINER)
神户新交通贸易中心前駅： ポートライナー (PORT LINER)
JR 西日本元町駅： 神户线 (东海道本线)
阪神电气轨道・神户高速铁道元町駅： 阪神本线．东西线

● 出站便利通

　　※ 神户市地铁旧居留地・大丸前駅，由 1 号出口出站就可以看到洋味浓浓的神户地标大丸百货，往东南这一大块区域就是西洋建筑最集中的地区。

　　※ 若要从元町駅到大丸，从南口出来最快。

　　※ 从三宫要到旧居留地每条街道上都有精品商店可游逛，不妨慢慢感受神户优雅的贵妇生活。

神户大丸

- 078-331-8121
- 神户市中央区明石町 40
- 本馆、38 番馆购物 10:00—20:00，本馆 9～10F 11:00—21:00，1 月 1 日休息
- www.daimaru.co.jp/kobe

　　大丸在神户并非只是一家百货公司，更是神户的地标。其实本馆周边的洋馆建筑所进驻的精品名牌也都属于大丸百货。大丸本馆的建筑物本身就是一件古迹艺术品；村野藤吾设计的大丸百货神户店完成于昭和二年（1927 年），流线的外型说明这是一栋现代主义建筑。对于神户人来说，这不仅是一座大型百货公司的神户分店，更是神户的地标。阪神大地震后受到严重损害，却在短时间内修复，让神户人充满信心和希望。

旧居留地 38 番馆

- 078-333-2329
- 神户市中央区明石町 38
- 购物 10:00—20:00，餐饮 11:00—20:00，1 月 1 日休息

　　门上插着黑白格子旗，外观有相当浓厚怀旧气氛的 38 番馆同属于大丸百货，也是旧居留地的代表性地标。这里的 1 楼是附设咖啡馆 HERMES，2 楼是较高级的流行服饰品牌 COMME des GARÇONS、3 楼是 AMERICANRAGCIE，4 楼是神户知名果子铺 TOOTH TOOTH。

mont bell

- 078-327-5455
- 神户市中央区伊藤町 109
- 11:00—20:00，不定休
- www.montbell.jp

占据了旧居留地一角的 mont bell 是大型的户外休闲用品店，品牌由日本原创，拥有与欧美并驾其驱的设计技术，加上日本独有的高质感因而拥有大批支持者。神户三宫店两层楼的面积共有 236 平方米，还有 7 米高的攀岩壁，以登山配备为主，其他户外运动用品也不少。

SALON

- 078-393-1187
- 神户市中央区海岸通 5 番地商船三井ビル 203A 号室
- 11:00—19:00，周六日及节假日 10:00—17:00，周二休息
- www.salon-kobe.com/

已有 17 年历史的 SALON 专卖香皂、沐浴芳疗用品、首饰与皮件等各种世界良品。这是比利时唯一精品香皂品牌 Savonneries Bruxelloises 的日本代理商，运用从巧克力获取灵感所制造的香皂完全天然，衍生出各种沐浴用品，是比利时皇室，更是欧洲上流人士的最爱。

神户港

从地图上可以很容易看出,神户属于东西向地形的长型都市,山与海之间相当接近,为了争取更多土地,不断填海增地,如今已完成六甲アイランド与机场建设的ポートアイランド等人工岛。而最受神户人喜爱的就属Harbor land,也就是神户港区。购物商场、美食餐厅、游乐园、饭店、博物馆、地标塔等玩乐游憩设施一应俱全,碧海蓝天的优雅风景中只见船只点点,港边的建筑物也配合海洋意象,充分展现海港城市的开放感与自由气息。

◎ 交通路线&出站信息

电车

　　JR 西日本神户駅: 神户线
　　神户市地铁ハーバーランド駅: 海岸线
　　神户市地铁みなと元町駅: 海岸线
　　神户高速铁道高速神户駅: 东西线

出站便利通

※ JR 神户駅、地铁ハーバーランド駅有地下街直接相连,而神户高速铁道的高速神户駅则距离较远,但同样有通道相连。

※ 地下街 DUO Kobe 就位于车站连接的通道上。

※ 从JR 神户駅南口出站沿着绿意盎然的大街道往港湾方向走,沿途左侧就是由多家购物商城组成的 Umie,右侧的公园则是 Harbor land 广场,炼瓦仓库餐厅即位于此。

※ 从车站往港湾步行约 5～8 分钟尽头就是最著名的海港主题商城 UmieMOSAIC,若是遇上下雨天或大热天,建议可穿越 Umie,同样可抵达。

※ 想要搭乘神户港湾游览船,位于中央突堤中央码头前有3家船只属于短程,可自行依登船时间或价格比较,若想搭乘可品尝美食的长程游览船,停靠于MOSAIC 前的是 CONCERTO,而更大型的ルミナス神户2则要穿越码头,在中突堤旅客ターミナル搭船(神户 Meriken Park Oriental 饭店2楼)。

※ 神户港湾最重要的景点美利坚公园与 MOSIC 相对,如果想拍出美丽的神户夜景,从 MOSIC 往神户港塔方向拍是颇适合的角度,可一并将神户港塔与白色的海洋博物馆纳入镜头内。

※ 从元町向荣町方向走,再南边就是美利坚公园,离神户港塔很近,走路约 10 分钟能到。

DUO Kobe

- ☎ 078-391-4024（神户地下街株式会社）
- 🏠 神户市中央区东川崎町1-2-3
- 🕐 购物 10:00—20:00，餐厅至 21:00，不定休（详见官网）
- 🌐 www.duokobe.com

一走出JR神户车站看到的商店街就是DUO Kobe，不仅有服饰、杂货、餐厅等各种商店，还有通勤一族最需要的书店、便利商店与各种服务设施，JR车站出口的广场不定期举办各种特卖活动，另一端则作为艺廊，成了港区的艺文讯息中心。

Umie

- ☎ 078-382-7100
- 🏠 神户市中央区东川崎町1-7-4
- 🕐 10:00—21:00
- 🌐 umie.jp/

● 推荐理由 ●
神户港滨最大百货商场，不管逛街购物或想品尝美食，种类选择很多。

2013年开业的Umie，挑高的长形中庭，是条有阳光的宽敞散步道，种植着绿意盎然的花草，搭配中央围着树木的圆形木椅，最适合逛累的人买杯咖啡或是冰激凌在此休息。从中庭可以再把整座卖场分为南馆与北馆，而从Umie穿过空中步道，就是MOSAIC购物中心，现在也一同并入Umie的经营体系之下。

Umie MOSAIC

- ☎ 078-382-7100
- 🏠 神户市中央区东川崎町1-6-1
- 🕐 购物 10:00—20:00，餐厅 11:00—22:00
- 🌐 umie.jp/

● 推荐理由 ●
神户经典商场，临港风景与众多店铺怎么逛都不累。

MOSAIC是神户港区的必访之地，后期被并入Umie体系下，但店家并没有受到影响。漆色亮丽的木造建筑与海港景色非常搭配，面海侧有宽广的露台，晚上可观赏美丽的神户港夜景，夏天则是欣赏海上烟火秀的最佳位置。墙壁上有着乡间风情的花草彩绘，接近百家的各式商店，琳琅满目。

CULMENI

☎ 078-362-0960
🏠 神户市中央区东川崎町1丁目5-7
🕐 购物店家 11:00—20:00，餐饮店家因店家而异
🌐 www.culmeni.jp

● 推荐理由 ●
一边用餐，一边欣赏百万夜景是最幸福的旅行记忆。

　　神户港区HARBOR LAND拥有悠闲的海湾气息，在造街计划的进行之下拥有浓厚的艺术氛围，不仅有最受情侣欢迎的瓦斯灯街，广场的清凉水井旁更有一座大型的情人桥梁，每到夜晚挂上1 700颗灯泡，璀璨闪耀的景色吸引了无数的情人们前来感受浪漫。而CULMENI便是位于HARBOR LAND中央位置的购物中心，拥有高8米铜雕长颈鹿的吸睛地标，不仅醒目好找，交通也非常便利，由JR神户站步行5分钟或由神户高速铁路高速神户站向海边步行5分钟即可到达。

　　购物中心聚集了生活杂货、OUTLET家具店及服饰店等魅力商店，除了多种类的商品可供挑选之外，餐饮店家的选择也非常多，包含咖啡轻食、日式料理、甚至还有螃蟹专卖店等。特别是位于18楼的意大利餐厅及日式餐厅，可以一边享受美味的餐食，一边欣赏拥有"百万夜景"及日本三大夜景之一美称的"神户夜景"，多彩美丽的景象为夜晚留下最难忘的记忆。来到CULMENI的1楼广场，可看到世界公认仅3座的ELVIS PRESLRY猫王铜像之一，这里因而被称为"猫王圣地"，每天都吸引世界各地的猫王迷来此拍照留念，另外，这里周末也会举办现场音乐会及市集等活动，适合全家大小或是情侣过来度过悠闲的时光。

边买边吃

三宫

まきの

- 078-335-1427
- CENTER PLAZA B1F
- 11:00—21:00
- www.toridoll.com/shop/makino/

● 推荐理由 ●
三宫是人气排队名店！想要用平实价格品尝最正宗的炸物吗？天妇罗迷绝对不能错过。

无论何时经过，白色的暖帘前总是排着长龙，尤其是用餐时间人潮更是络绎不绝。这里可是天妇罗的著名店，有别于一次全上的炸物定食，まきの坚持将现炸的美味呈现客人桌上，点餐后才将季节食材下锅油炸，让人能够品尝到最鲜脆的炸物。这里的白饭、味噌汤与酱菜采用吃到饱的方式，大食量的人绝对不怕吃不饱。

Konigs Krone The DANKE collection

- 078-321-1030
- 神户市中央区三ノ宫町 2-5-5
- 10:00—20:00
- www.konigs-krone.co.jp

● 推荐理由 ●
神户代表甜点，没吃过不算来过神户！

Konigs Krone 在神户人气度相当高，最有名的甜点正是放在店名上的 Krone，这是一种长形泡芙，在客人点了之后才把内馅包入，口感特佳，享受那种刚出炉的松脆外皮，上桌之后最好尽快享用，才能品尝最正宗的美味。三宫的店附设咖啡，店面空间也非常宽敞。如果没时间到店里品尝，在百货地下街也都能买得到。

西村咖啡 中山手本店

- ☎ 078-221-1872
- 🏠 神户市中央区中山手通 1-26-3
- 🕐 8:30—23:00
- 🌐 www.kobe-nishimura.jp

● 推荐理由 ●
神户老牌咖啡馆,最美的人文风景融入桌上一杯。

西村咖啡是神户的老咖啡馆,至今已有 11 家店铺,而这里正是创始的总店,从早上八点半开始,店里就坐满了来喝咖啡、吃一份悠闲早餐的客人,神户的早晨可以说是从西村咖啡开始的。如果只是经过,也可以带包店里自己烘焙的咖啡豆,让你在家也能体验优雅的神户风味。

あげは

- ☎ 078-321-2780
- 🏠 神户市中央区中山手通 2-4-8
- 🕐 11:00—22:00,午餐 11:00—16:00,晚餐 17:00—21:00,饮料、甜点 11:00—21:00
- 🌐 cafe-ageha.jp

● 推荐理由 ●
小文青最爱空气感气氛,美味料理更是大大加分。

现代人强调吃得美味也要兼顾建康,あげは就是以此为出发点,在神户受到人们的欢迎。あげは强调食物烹煮时"水"的重要,因此只使用具抗酸化、抑制腐败的活性水;另外也提供有白米 6 倍纤维质的玄米饭,让来这里用餐的顾客从体内就做好环保。这里的每一样产品都利用有机食材制成,不论是用餐或是下午茶,都是不错的选择。每月第二个周三,早上 11 点开始还会有关西新鲜有机蔬菜的贩卖,这时小小咖啡厅就会摇身一变,变成日本的八百屋(菜店)了!

a la compagne 三宫店

☎ 078-322-0130
🏠 神户市中央区三宫町北长狭通 1-10-6 ムーンライトビル 1F、2F
🕐 11:30—23:00
🌐 www.alacampagne.jp

● 推荐理由 ●
没有什么比得上这酸甜的水果塔了，每次坐下来品尝时心中总是这么想着。

从三宫车站往北走，若不仔细看可能会错过这可爱的 a la compagne，它隶属于神户生活杂货集团旗下，这里卖的是各种诱人的甜点，包括色彩艳丽的新鲜水果塔、香脆现烤饼干和扎实口感的蛋糕，小小的，木质的温润空间让人仿佛拜访欧洲小镇上的糕饼店，一坐下就不想离开。

FREUNDLIEB

☎ 078-231-6051
🏠 神户市中央区生田町 4-6-15
🕐 卖店 10:00—19:00，咖啡 10:00—19:00，周三休息
🌐 freundlieb.jp

● 推荐理由 ●
在教堂内享受美好甜点时光，也能外带现烤面包至公园小野餐。

FREUNDLIEB 在神户可是无人不知无人不晓的名店，1 楼的烘焙坊卖的甜点饼干也是神户人外出访友的最佳伴手礼。位于旧教堂里的店面维持典雅风格，充满当地人信仰记忆的教堂中，天天供应美味的面包、三明治，以及手工饼干。2 楼宽阔教堂尖顶下摆上几张桌椅便成了最佳咖啡空间，美丽的室内景致与美味餐点吸引许多人前来聊天用餐，一坐就是一个下午。

拉面太郎 三宫本店

☎ 078-331-1075
🏠 神户市中央区中山手通 1-10-10
🕐 10:00 至次日 4:00
🌐 www.chinaroad-japan.com

● 推荐理由 ●
和风洋派的奇妙汤头让人一吃上瘾。

这碗拉面以番茄汤头为基底，加入中等粗细的拉面，再放上 2 片叉烧，就是这么简单，但却是极其美味。吃的时候再加上几滴 Tabasco 辣酱，好味道果真令人口齿留香。另外，这里还有免费的泡菜任你吃，虽然口味偏甜，对喜欢辣劲的人也许不太适合，由于是免费提供，大家也都吃得很开心。

Berry

☎ 078-331-1616
🏠 神户市中央区北长狭通 3-31-70
🕙 10:00—20:00
🌐 www.berry-kobe.com

推荐理由
性价比超高的平价美味蛋糕。

位于 Piazza Kobe 与 TOR ROAD 交叉口的 Berry，是一家受到三宫居民长期爱戴的蛋糕店。谁说在神户吃蛋糕就一定是高价奢侈的享受呢？Berry 就以最实惠的价钱提供以当地新鲜素材制作而成的蛋糕，在店内享用的话，一起点蛋糕与饮料还能折价 50 日元，十分划算。

神户牛ステーキ 彩ダイニング

☎ 078-331-5638
🏠 神户市中央区下山手通 3-1-9 コスモビル B1F
🕙 lunch 11:30—15:00, dinner 17:30—22:30，周一休息（周一为假日则改休周二）
🌐 www.saidining.com/cht/

推荐理由
采用神户牛中最高级的 A5 级肉品，是神户专属的顶级美味。

来到神户当然要大吃神户牛！搭乘 JR 线抵达三ノ宫驿再步行 6 分钟，或由 JR 线抵达元町驿步行 4 分钟便可抵达，店内装潢既豪华又带有神户风味，充满情调的用餐环境十分自在舒适。

这里的肉品精心采用神户牛中最高级的 A5 级肉品，美丽的油花分布令人口水直流，喜爱牛肉的人一定会惊呼出声，蔬菜部分也是使用日本国产的当令蔬菜，就像拥有蔬菜专家资格般，不只肉类、同时也对蔬菜很讲究，除此之外，这里的铁板豪华料理所使用的鱼类也是一等一的，新鲜程度甚至可当成生鱼片直接享用，而喜欢鹅肝的人也不会失望，这里所提供的高级鹅肝绝对经得起考验。铁板料理最有趣的便是厨师在顾客面前料理食材，不仅能看到当场料理肉类与各种蔬菜的精彩画面，更能享受到火焰秀的热烈快感。由于坚持采用当季食材，这里会随着季节变换菜色，不管来几次都能保有新鲜感，唯一不变的是回味无穷的美味，当然，店内也备有适合菜色的严选红酒，提供给喜欢在用餐时小酌一番的顾客享用，本店还有繁体中文版网页可供预约。

元町

Motomachi Cake 元町本店

☎ 073-341-6983
🏠 神户市中央区元町通 5-5-1
🕗 8:30—19:00，不定休

● 推荐理由 ●
在这里美味蛋糕，不只品尝美味，也吃得到浓浓人情味。

Motomachi Cake 以元町为名，卖的就是受当地人欢迎的各式洋果子。为了回馈在地民众，这里的洋果子超级便宜，但别以为便宜就没好货，其最出名的ざくろ光一天就能卖出上千个。ざくろ虽然名为石榴，但其实它是以纯蛋黄与3种鲜奶油制成的海绵蛋糕，因为爆裂开的表皮上有颗大草莓，看起来很像爆开的石榴，因此而得名。就是因为便宜又好吃，Motomachi Cake 虽然位于较偏离元町商店街的位置，但每到假日也总是一位难求。

伊藤グリル

☎ 078-331-2818
🏠 神户市中央区元町通 1-6-6
🕗 11:30—14:00, 17:30—20:30，套餐至20:00，周三休息
🌐 www.itogrill.com

● 推荐理由 ●
流行洋食老铺，炭烤牛肉美味无限。

这是一家洋溢着老味道的牛排馆，创立于1923年，一股讲究而不铺张、坚持原味但不退流行的气质，让你知道是一家有着经验老道料理人所开设的好店。第一代店主以曾在远洋邮轮服务的好手艺起家，第二代开始了炭烤的手法，而传到了曾远赴法国进修的第三代，则设计了精彩的酒单搭配美食，提供更优质的用餐服务。

グリル KISSHO

- 078-391-1377
- 神户市中央区元町通 1-4-8 2F
- 11:00—23:00，午餐 11:00—14:30，不定休
- grillkissho.com

　　这家位于元町小巷弄里 2 楼的洋食店，专卖神户牛的料理。不同于一般高不可攀的高档牛排店，グリル吉祥也在优惠时段以优惠的价格提供超值的神户牛套餐。建议可以选在中午来品尝它的午间套餐，只要 2 000 日元便能品尝到神户牛排与其他用神户牛制成的料理。如果预限足够，也可以点了套餐后再加 300 日元，将白饭换成牛肉咖哩饭，一次品尝神户牛的多重魅力。

ひょうたん 元町本店

- 078-391-0364
- 神户市中央区元町通 1-11-15
- 11:30—23:00，不定休

● 推荐理由 ●
热腾腾的庶民美味，肚子有点饿又不太饿时就会想到它！

　　ひょうたん在神户地区拥有很大的名气，几乎是无人不知的饺子名店。狭窄的店门只容得下不到 10 人，吧台内煎饺子的是有数十载经验的老奶奶。接过老奶奶送来的饺子，蘸上由味噌酱汁与大蒜酱油调和的独门酱汁，热热的一口咬下，酥脆的表皮在口中化开，肉汁留上舌尖，这样的美味与实惠的价钱，难怪小小的店面总是挤满人潮。

旧居留地

咖啡馆年代 Cafféra

- 078-392-7227
- 神户大丸本馆 1F
- 9:45—21:00
- www.ufs.co.jp/brand/cfr

● 推荐理由 ●
回廊下的咖啡座,尽享欧式街边风情。

　　位于神户大丸店 1 楼的 Cafféra 是一家谨守意大利传统的米兰风咖啡馆。店名由咖啡馆 (café) 和年代 (era) 融合而成。咖啡调理师宫前美雪曾获"2007 年世界咖啡调理师大赛"第四名,每日充满慕名而来的咖啡爱好者。而位于拱廊下露天咖啡座是人气度最高的地方,铺上桌巾的小圆桌充满欧式风情,随时都坐满了想要悠闲品尝咖啡及欣赏迷人街道景观的人。

TOOTH TOOTH maison 15th

- 078-332-1515
- 神户市中央区浪花町 15
- 11:00—23:00,不定休
- www.toothtooth.com/shoplist/s_maison15th/

● 推荐理由 ●
在西洋老房舍中享用优雅时刻,意大利面简单美味,TOOTH TOOTH 经典蛋糕不容错过。

　　建于 1881 年的 15 番馆,以木骨结构和水泥砖墙造成,是明治时代的美国领事馆,当时一楼是办公室,二楼是居住空间。这是目前神户市区内最古老的异人馆,已经变成国家指定的重要文物,阪神大地震后重建,几年前改装成咖啡馆,有神户当红的果子店 TOOTH TOOTH 进驻,提供美味餐点与蛋糕。旧居留地在建设之初即规划好完整的下水道系统,现在 15 番馆外有一小段从前的红砖下水道供人参观。

CENTRAL

☎ 078-325-2033
🏠 神户市中央区江户町 104 トウセンコウベビル
🕙 11:00—22:00
🌐 www.cafe-restaurantcentral.com

● 推荐理由 ●
第一人气午餐，美味面包吃到饱。

还未到中午 12 点，可以容纳将近百人的 CENTRAL 早已经座无虚席，户外的半露天座位区铺上木质地板，悬挂上白色布幔，在洋风建筑群聚的街道之间相当醒目，内部空间同样以白色为主要调性，从刻意加高的天花板所垂下的北欧造型灯具为店内增添几许时尚气氛。颇受神户人喜爱的咖啡馆 CENTRAL 以美味面包闻名，中午时段来用餐，可以在近 30 种菜色中挑选主菜，中央区的面包吧则摆放着法国面包、调理面包、可颂面包，都可随意取用，还贴心地附上奶油和提供蘸取的独家特调的香草橄榄油，还会不停地更换新鲜出炉的各种口味，只见每个人不断地来回穿梭，只为了能够尝试更多好吃面包。

神户港

とんかつ KYK

☎ 078-360-2774
🏠 DUO Kobe 浜の手区域 B1F
🕙 10:30—21:30
🌐 www.tonkatukyk.co.jp/tonkatu

在关西，说到炸猪排许多人都会推荐 KYK 这家连锁店。位于 DUO Kobe 的 KYK，店内装潢有着日式町家风格，在微黄的灯光下用餐特别有情调。KYK 的猪排、面包粉、酱汁等素材都是经过总部严格挑选，质量有保障。而且最好的是白饭、味噌汤、高丽菜丝全部都是吃到饱，肚子饿又预算有限，来 KYK 保证能够吃得饱。

住在神户

◎ 御所坊

御所坊为有马温泉的高级旅馆，传统又不失现代、和风品味却又透露着国际风范儿，是个气氛独特日式温泉旅馆。自1191年创建以来，御所坊有着非常惊人，超过八百年以上的历史。一如旅馆名称"御所"所示，这儿一开始是为了招待天皇等王公贵族而设的温泉宿，馆内的讲究自然不在话下。但这种讲究并不是目前京都一带华美富丽的平安风格，而是一种更古醇、更深沉的简朴素幽。走廊上、房间内摆饰的不是精美的陶瓷器皿，而是御所坊主人熟识艺术家的古体书法与金石篆刻；空间照明等更是拥有一股百分之百的和风氛围。

神户市北区有马町858　078-904-0553　www.goshobo.co.jp

◎ 钦山

钦山一词来自《山海经》，意思是拥有绝佳美景的山，这是钦山强调的重点，提供旅客随时可得的美景，所以大众汤的"花の汤"和"鼓の汤"，外头是瀑布式的水帘，在泡汤的时候听到轰轰然的水声，闭上眼睛会怀疑自己是不是到了森林之中，营造出全然放松的环境，令人难忘。因为希望旅客可以得到完全的休息，并且享受当季时令料理，所以原则上不接受12岁以下旅客，不过春假、暑假、寒假期间除外，如此一来，每位客人都能不受打扰，拥有一个安静的假期。

神户市北区有马町1302-4　078-904-0701　www.kinzan.co.jp

◎ 兆乐

兆乐是有马温泉少见的风格美学旅馆，由高俯视的地势稍离观光地的喧嚣，离幽静的山林与澄澈的星空更近，在有马温泉的诸多旅馆中论气派与质量都是数一数二。传统又不失现代的兆乐，房间内和风品位却又透着国际风范，一走入玄关，刻意留白的大空间内，只看到成为主角的花艺摆饰，让人仿佛来到充满和风精神的艺廊。而旅馆最重要的会席料理则属于创作系，依序一道道端上，让客人放入舌上的都是最适合的温度，吃起来也特别美味。

神户市北区有马町1654-1　078-904-0666　www.choraku.com

◎ 竹取亭円山

竹取亭円山在高地上创造了一个竹取物语的世界；仅仅拥有 31 个房间的竹取亭以这个故事为主题，是自诩为竹林般清幽静雅的和风旅馆。走进竹取亭円山，竹取公主所乘坐的华丽人力车是视觉的焦点。最受欢迎的客室在房间内就有自己的汤屋，也命名为"月见之间"，意指能够和竹取公主一样欣赏皎洁迷人的月亮。

神户市北区有马町 1364-1　078-904-0631　www.taketoritei.com

◎ 月光园 鸿胧馆

月光园鸿胧馆融合欧式的亮丽大方与和风的典雅建筑，将窗外翠绿的林荫都揽了进来，自然的光线满蕴着柔和的幸福感，温柔地洒在大厅的每个角落。露天风吕的正下方是条潺潺小溪，小溪两旁栽植着许多樱花树，每逢四月樱花开时更是娇艳迷人，泡在金色的温泉里，欣赏眼前樱花花瓣如雪片般旋转飞舞，充满日本情怀。月光园鸿胧馆的餐点为精致的京风怀石料理，讲究季节感的食材以极度纤丽之姿，展现在每道形色味皆美的料理中，其中又以神户牛网烧与陶阪烧最受欢迎，是一年四季中皆可尝到的佳肴。

神户市北区有马町 318　078-903-2255　www.gekkoen.co.jp/kourokan/

◎ 兵卫向阳阁

在历史悠久的有马温泉区，兵卫向阳阁是家外观很现代的饭店，不过饭店客房仍是传统的和室，追溯至江户时期，饭店原本是 3 层楼的木造建筑，后来改建后才呈现现今的风貌。饭店装潢豪华中可见典雅，以各种花卉作为装潢主题，特别讨女性欢心，浴衣上印有牡丹图案，不但符合饭店主题，同时也特别受欢迎。大众汤大片玻璃落地窗，提供绝佳视野，而室内无色透明的银泉和室外赤褐色的金泉，两者交互泡汤，据说对促进身体健康有绝佳效果。

神户市北区有马町 1904　078-904-0501　www.hyoe.co.jp/

玩在神户

有马温泉

如果要在阪神地区挑选一个温泉乡造访,当然非有马温泉莫属,从神户市区出发,只要短短 30 分钟就可抵达。有马温泉是《日本书纪》中记载的日本最古老温泉乡之一,最早的记录出现在公元 631 年,除了史书上的记载外,有马温泉也曾出现在日本神话中,在神话里传说有马温泉是由两位日本远古大神——大己贵命、少彦名命,在山峡有马之里处所发现的,与四国的道后温泉、和歌山的白浜温泉并称"日本三大古泉"。拥有丰富历史和自然景观的魅力更是吸引人的因素,也难怪,无关乎平时或假日,总挤满了泡汤游客。

🚌 若从三宫出发搭乘北神急行线在谷上駅下车,转乘神户电铁有马线在有马温泉駅下车,车程加上转车约 40 分钟,票价 930 日元

神户港塔

　　108 米高的红色神户港塔在神户港湾成为最耀眼的地标,上下宽阔、中央细窄的外观造型灵感来自于日本传统的鼓,展现优雅和风美学。展望台共分为5层楼,从望远镜中可眺望神户全景,3 楼还有 360° 旋转赏景的咖啡厅,可以边休息边欣赏神户港口的美景。

- 神户市中央区波止场町 5-5
- 078-391-6751
- 3 ~ 11 月 9:00—21:00(入馆至 20:30),12 月至次年 2 月 9:00—19:00(入馆至 18:30)
- 成人 700 日元、初中小学生 300 日元,与神户海洋博物馆共通券成人 1 000 日元、初中小学生 400 日元
- www.kobemeriken.or.jp/port-tower
- 登上神户地标景点远望整个神户市区

明石海峡大桥

难得来到舞子,除了一睹明石海峡大桥的壮丽之美,不如参加 Bridge World Tour,走在大桥的海上维修步道,亲自爬上主塔,从 289 米的制高点看向淡路岛与整个神户地区吧!参加行程需要提前报名,依预约时间来到桥的科学馆 2 楼报到付款,并听取说明后,跟着导览员参观科学馆,对桥有基本认知后,即是重头戏了。登上明石海峡大桥,踏上一般游客不能进入的维修步道,在海上走 1 千米后来到主塔,搭上电梯即能欣赏明石海峡的绝色美景!全程不太用爬上爬下,只要穿双耐走的鞋子就行!

神户市垂水区东舞子町 2051。集合地点在桥的科学馆 2 楼 078-784-3396 2～11 月,每天有午前 9:30—12:10、午后各一场,主要时间依网站为主,冬季约 12 月至次年 2 月休息 限定中学生以上参加,一人 3 000 日元,费用包含舞子海上步道与桥的科学馆入场 www.jb-honshi.co.jp/bridgeworld/ 报名需透过网页或传真。于预约当天请准时出席,并于现场以现金付款。若是预约后要取消,也一定要联络,千万别做失格的旅人。一般导览为日文,不定期会推出英语导览,详洽官网

姬路城

　　姬路城因为有着白漆喰（抹墙用的灰泥）所涂刷的白壁，所以有白鹭城的美称。与其他的日本城堡一样，姬路城不像欧洲城堡般采用石砌，而是木造建筑，所以防火是日本城堡最重视的一环，白漆喰就有防火的功能，所以姬路城不只拥有白色外壁，连内部的每处轩柱也都有涂白漆喰。建在姬山上的姬路城从山脚到天守阁顶端，有海拔92米高，是非常重要的军事要塞，加上其复杂迂回的防御性城廓设计，使姬路城更是易守难攻，敌军入侵时往往在其间迷路，而减缓攻势。

　　壮观华美的姬路城，若要由外缘到城内都全程走完大约需要3个小时，尤其是一层层沿着高耸的阶梯爬上天守阁更是挺费力的，不过走这一趟绝对值得，可以亲自感受日本古城的原型建筑之美，与珍贵的世界遗产做近距离接触。

🏠 兵库县姬路市本町68番地 ☎ 079-285-1146 🕘 9:00—17:00（入城至16:00），4月27日~8月9:00—18:00（入城至17:00），12月29、12月30日休息 💴 大人1 000日元、小孩（高初中小学生）300日元，姬路城·好古园共通券大人1 040日元、高初中小学生360日元 🌐 www.city.himeji.lg.jp/guide/castle

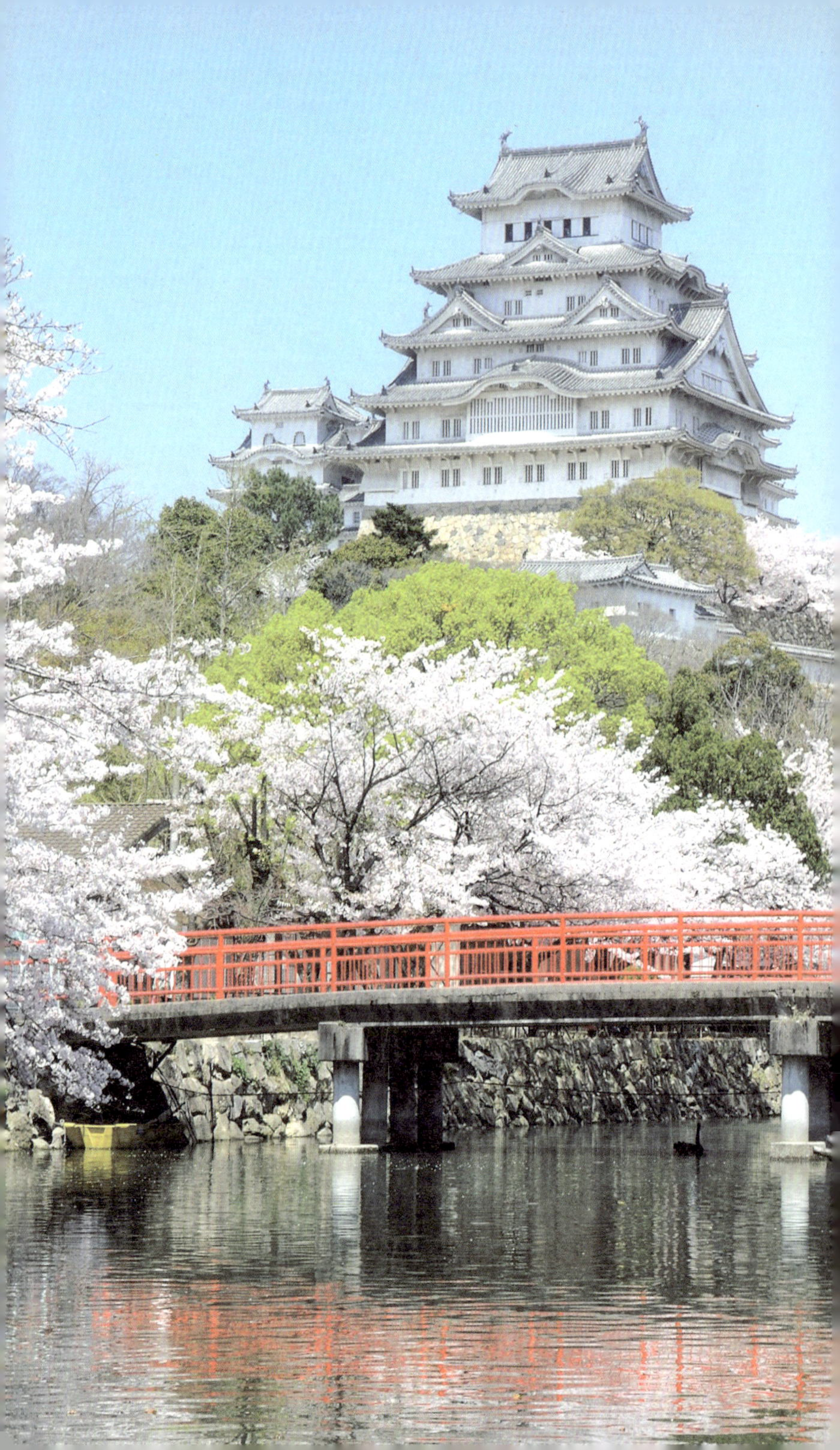

Chapter 7
北海道购物游
完美指南

- **196** 北海道热门购物区
- **222** 边买边吃
- **232** 住在北海道
- **236** 玩在北海道

北海道热门购物区

札幌駅周边

　　北海道第一大城的札幌呈现出简洁、明快的都会感。札幌车站连接百货、商场、地铁，还有最新的札幌地标 JR TOWER，从旅馆即可通往地下街，再一路走到车站、各大百货公司，就算外头刮风下雪也可以逛得尽兴。

◎ 交通路线&出站信息

● 电车
JR札幌駅： 函馆本线、札沼线、千岁线
地铁（さつぽろ）站： 南北线、东豊线

● 巴士
ESTA 1楼： 札幌駅前巴士总站

北列
1号乘车处： 中央巴士往【小樽】高速小樽号·高速余市号·高速岩内号、往【小樽·积丹神威岬】高速积丹号、往【小樽·新雪谷】高速新雪谷号
3号乘车处： （1-3路）新札幌线
4号乘车处： 往【苫小牧东港】新日本海渡轮联络巴士（限繁忙期）、（33路）北广岛线、往【登别温泉第一滝本馆】わくわく号

中列
7号乘车处： 定铁巴士（南54路）真驹内线
8号乘车处： 中央巴士往【汤の川温泉】高速函馆号、札幌散策巴士（夏季运行）
10号乘车处： 道南巴士往【登别温泉】高速おんせん号（温泉号）、往【定山溪·洞爷湖温泉】札幌洞爷湖线·札幌豊浦线
11号乘车处： 沿岸巴士往【羽幌·豊富】特急はぼろ号（羽幌号）
12号乘车处： 定铁巴士往【定山溪·豊平温泉】（7/8路）定山溪线·河童liner号

南列
14号乘车处： 高速留萌号、高速旭川号、高速流冰纹别号
15号乘车处： 高速苫小牧号
16号乘车处： 高速富良野号、往【札幌国际滑雪场】滑雪巴士（冬季运行）
17号乘车处： 观光巴士札幌·新雪谷号

★东急南口： 札幌駅前站
1号乘车处： （100路）三井outlet park线
2号乘车处： （89路）羊ヶ丘线
3号乘车处： （环88路）札幌啤酒园·SAPPORO FACTORY线

★札幌駅北口
2号乘车处： 中央巴士（188路）札幌啤酒园·Ario线
3号乘车处： 定铁巴士（南64路）真驹内线

红砖露台

- JR 札幌駅步行约 5 分钟
- 札幌市中央区北 2 条西 4-1
- 011-211-6200
- 各店营业时间不一，艺廊 & 展望台 10:00—20:00
- 31urban.jp/pc/institution

● 推荐理由
北海道美食餐厅大聚集，想吃什么，到这里准没错。

位于北海道厅旧本厅舍前的银杏大道边，红砖露台是一栋栋结合饭店、办公室及美食、公共空间的综合商场，自 2014 年 8 月开业后，就成了许多札幌人的最爱，5 层楼的商场空间内，除集结 27 家北海道人气餐厅美食与商店以外，还有 2 楼的 Atrium Terrace 及 5 楼艺廊、户外展望台，都可免费进入与使用。

ESTA

- JR 札幌駅东侧步行约 2 分钟
- 札幌市中央区北 5 条西 2
- 011-213-2111
- 购物 10:00—21:00，餐厅 11:00—22:00（依店家而异）
- www.sapporo-esta.jp

位于车站东翼的大楼 ESTA，从 B2 到 10 楼都有吸引人的卖点。B2 的百元商店有令人惊喜的便宜货；B1 食品大街在甜点部分的精彩程度绝不亚于大丸，1～5 楼为大型电器行 BIC CAMERA，6～8 楼有品牌服饰，其中 8 楼是 UNIQLO，10 楼则是餐厅街和美味拉面的集合地——札幌拉面共和国。

Loft

- 位于 ESTA 6 层
- 011-207-6210
- 10:00—21:00
- www.loft.co.jp/shoplist/sapporo

　　丰富多样的商品和精致的质量是 Loft 的魅力所在，井然有序的空间规划和商品分类，让顾客既可以愉悦舒适地享受逛街时光，也能在赶时间的时候很快地找到自己想要的商品。在这里，你可以一次搜罗各种品牌的文创商品，包括稀有颜色的色笔、专业的制图器具及充满设计感的文具，也能尽情探索日本时下流行的美妆产品、居家杂货和实用小物。

Honeys

- 位于 ESTA 8 层
- 011-223-8241
- 10:00—21:00
- www.honeys.co.jp

● 推荐理由 ●
超平民的女装品牌，平价时尚的魅力难挡。

　　Honeys 创立于日本的福岛，以高感度的流行设计、平实的价格和优良的质量广受欢迎，在日本各地及中国都设有店点。旗下的 GLACIER、CINEMA CLUB、COLZA 等子牌，分别针对不同的年龄族群设计，从少女到上班族，都可以从中找到适合自己的款式。札幌 ESTA 店空间宽敞，款式多样，碎花短裙、雪纺上衣、彩色窄管裤等，款式选择非常多样，值得好好逛逛。

大丸札幌店

- JR 札幌駅步行约 2 分钟
- 札幌市中央区北 5 条西 4-7
- 011-828-1111
- 10:00—20:00（6 楼てもみん、8F 书店、文具店至 22:00）、8F 美食街 11:00—22:00，详细时间依店家而异。1 月 1 日休息。
- www.daimaru.co.jp

　　札幌大丸百货开业于 2003 年，是大丸百货 6 间主力店铺之一，也是道内人气最旺的百货，在 2009 年更打败其他百货老铺，一举成为札幌最赚钱的百货。除了 agnès b. 等品牌，这里最吸引人的还有 B1 美食楼层。除了北海道各家甜点名物，每晚打烊前大幅降价的各种精致热食和美味便当，更是主妇和旅客的最爱。

STELLAR PLACE

- JR 札幌駅步行约 1 分钟
- 札幌市中央区北 5 条西 2
- 011-209-5100
- 10:00—21:00，6F 餐厅街 11:00—23:00（依店家而异）
- www.stellarplace.net

与札幌駅共构的百货 STELLAR PLACE，明亮的空间里充满了时尚氛围，可爱的包包、配件、帽子、衣饰等样样不缺，GAP、COMME ÇA STORE、XLARGE、WEGO LA 等年轻人喜爱的品牌齐聚，是札幌流行文化的发祥地。6 楼的餐厅街也有不少本地名店，另外，在 CENTER7~8 楼还有北海道规模最大的电影院，吃喝玩乐一次满足。

RANDA

- STELLAR PLACE EAST B1
- 011-209-5343
- www.randa.jp

RANDA 在日本是非常受欢迎的女鞋品牌，不仅单价可亲、质感佳，充满时尚感的设计更是魅力主因。无论是异国风的珠宝凉鞋、透明楔形跟鞋，抑或动物纹高跟鞋，都融入了当季的潮流元素，同时却不显夸张，展现了流行的绝妙平衡感。RANDA 的风格从性感、甜美、可爱到休闲都有，款式多样令人目不暇接，在此绝对可以找到适合自己的美鞋。

富泽商店

- STELLAR PLACE CENTER 4F
- 011-209-5193
- 不定休
- www.tomizawa.co.jp

● 推荐理由 ●
手作料理食材专卖店，喜爱烹饪的旅客绝对会为之疯狂。

喜爱亲手烘焙糕点的旅客，可千万别错过在日本拥有多家直营店铺、深受料理迷欢迎的富泽商店！位于 STELLAR PLACE 的分店，2012 年才刚开业，是北海道首家也是唯一的柜点。在富泽商店中，光来自各地的面粉就占据了一整个大柜子，更别提各种好用的烘培用具、形状丰富的饼干模具与天然食材了！如果你是个手作西点控，不妨带几包北海道的道地天然酵母回家试试，也许会让你的厨房飘出独有的北国香气。

APIA

- JR 札幌驿直达
- 札幌市中央区北 5 条西 3～4
- 011-209-3500
- 购物 10:00—21:00、餐饮 11:00—21:30（详细时间依店家而异）
- www.apiadome.com

● 推荐理由 ●
超过百家店铺聚集在 APIA 内，让札幌的地下街也超好逛。

在 JR 札幌车站通往地铁札幌站的地下空间，不仅具有联络通道的功能，更是超大型的购物、餐饮复合广场 APIA。很难想象这里竟然有超过 100 家的店铺比邻而居，西侧为餐饮店与化妆品的聚集地，其中还有平价美味店铺なか卯与吉野家；东侧的 CENTER 空间则更为热闹，书店、药妆店、杂货铺、服饰店全都齐聚一堂，诱惑着路过或是前来造访的民众大买特买。

NATURAL KITCHEN

- APIA CENTER FASHION WALK B1F
- 011-209-1370
- 10:00—21:00
- www.natural-kitchen.jp

推荐理由
百圆日式杂货屋，少少的价格，就能买到手作般的美好质感。

说到百圆商店，脑中浮现的形象可能是简单的卖场装潢，与金属商品架上琳琅满目的超值日用品。而同样为连锁百圆商店的 NATURAL KITCHEN，将会颠覆你对百圆商店的印象！要是不特别说，它看起来就是女孩们最爱的日式杂货屋，无论店面布置或商品都充满了温馨可爱的氛围，散发着迷人的乡村风格。从餐巾、杯子到蕾丝缎带、刺绣杯垫等小物，皆可在此找到。

SAPPORO STYLE SHOP

- JR 札幌駅东侧步行约 1 分钟
- 札幌市中央区北 5 条西 2-5JR TOWER 6F 展望室入口处
- 011-209-5501
- 10:00—20:00
- www.sapporostyle.jp/shop/ocial-shop

推荐理由
当地作家的原创作品，不论是作为伴手礼还是纪念品，都再适合不过。

在通往 JR TOWER T38 展望台的地方，可以找到 SAPPORO STYLE SHOP 的实体店铺。架上摆放着北极熊图样的可爱便当盒，发想自羊之丘上绵羊的手工绵羊娃娃，以及充满雪国印象，名叫"初雪"的纸型肥皂等，这些都是出自札幌作家或工房之手、并经过市政府一年一度认证的精选原创商品。

佐藤水产

- JR 札幌駅南口
- 札幌市中央区北 4 条西 3 交洋ビル 1～2F
- 011-200-3100
- 9:00—20:00(1～5 月至 19:00)
- www.sato-suisan.co.jp

推荐理由
上百种海产品任君选择，满足游客对北国渔获的美味想象。

佐藤水产为水产品专卖店，因为认为食材最美味之处就在于其天然的"生命之味"，因此全店的水产制品从原料到调味料，皆强调自然风味及天然原味，也因而店内的商品会随着季节盛产的鱼货而更迭。

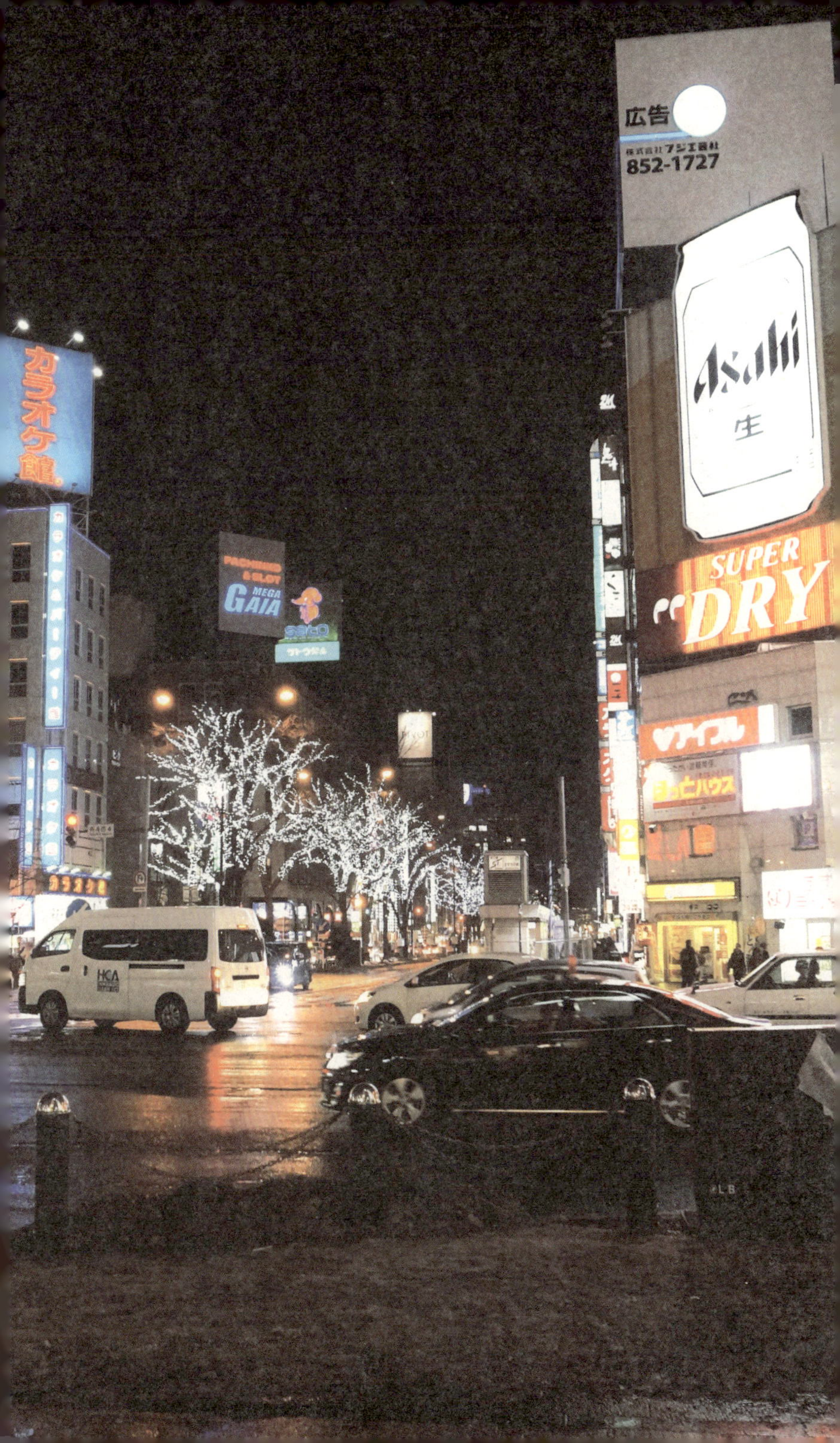
広告
852-1727
Asahi
生
SUPER
DRY
カラオケ館
MEGA
GAIA
アイフル
HCA

大通公园

　　大通公园总长约 1.5 千米，园内遍植绿树花卉，艺术雕刻则点缀其中。长条状的公园两旁是繁华的购物街，东侧尽头则是札幌地标电视塔，不分季节都可以见到民众在此偷闲、散步。

◎ 交通路线&出站信息

● 电车

地铁大通站： 南北线、东西线、东豊线

市电西4丁目站： 一条线

● 巴士

中央巴士札幌总站

1号乘车处： 往【艺术之森】（101路）空沼线（冬季运休）

3号乘车处： 高速旭川号、往【旭川・纹别】高速流冰纹别号、往【函馆・汤の川温泉】高速函馆号

4号乘车处： 高速小樽号、往【苫小牧】高速苫小牧号、高速富良野号

5号乘车处： 往【室兰】高速室兰号・高速白鸟号・高速室兰足球号、往【北见・网走】dolly mint 鄂霍次克号、往【宇登吕温泉】eagle liner

6号乘车处： 往【带广・十胖川温泉】potato liner、（急行）千岁线、starlight 钏路号

9号乘车处： 滑雪巴士、定期观光巴士、包租巴士

● 出站便利通

以地铁南北线大通站为中心，向右、向南分别有 AURORA TOWN 及 POLE TOWN 地街，呈现倒 L 形的地下通道与许多周边的商业设施相通，利用地下街道就能轻松前往想去的目的地。

2号出口： 大通公园西5、北海道厅旧本厅舍

5号出口： 大通公园西4

6号出口： 大通公园西3、时计台

8号出口： AURORA TWON 地下街

10号出口： 市电西4丁目站

11号出口： POLE TOWN 地下街

12号出口： 三越

13号出口： 三越北馆

16号出口： 时计台、AURORA TWON 地下街

20号出口： 丸井今井本馆与一条馆

23・24号出口： 丸井今井大通别馆

25号出口： 大通公园西1、AURORA TWON 地下街

27号出口： 札幌电视塔

31号出口： （通行时间 7:00—22:30）中央巴士总站

34号出口： 丸井今井南馆 POLE TOWN：PARCO、4pla、PIVOT、狸小路

SAPPORO FACTORY

- 地铁东西线バスセンター前站8号出口步行约7分钟、JR札幌駅步行约17分钟
- 札幌市中央区北2条东4
- 011-207-5000
- 10:00—20:00、餐厅11:00—22:00（依店家而异）
- sapporofactory.jp/foreigin/taiwan

推荐理由
华美又复古的购物商场，圣诞节时还会有巨大的璀璨圣诞树。

由开拓使麦酒酿造所改造而成的SAPPORO FACTORY分为多栋分馆，在开业当初以160家的店铺量，傲居日本全国首屈一指的shopping mall。2条馆与3条馆间的透明天井拱廊(Atrium)最具代表，改建自酿造所的红砖馆则充满复古情调，内部也保留当初的模样对外开放，并提供独家啤酒"开拓使麦酒"的啤酒餐厅。

Le trois

- 地铁东豊线大通站24号出口直结
- 札幌市中央区大通西1-13
- 011-200-3333
- B2～6F 10:00—21:00，7～8F 餐厅11:00—23:00
- www.letrois.jp

推荐理由
紧邻电视塔及大通公园，Le trois内的餐厅及咖啡厅拥有绝佳景观。

2015年9月新开业，位于电视塔斜前方路口的这栋纯白色商场，以法式风情主打提供女性幸福感的购物美食及装扮美丽的需求，从B2～2楼，以美妆、美容沙龙及流行小物为主，2～4楼则有许多杂货风格小店、书店、料理教室、甜点吃到饱的店等，7～8楼的各式餐厅则让女性喜爱新鲜与多样的选项通通实现。

MILL

- Le trois 商场 3F
- 011-213-0903
- 10:00—21:00
- ile-sapporo.jp

● 推荐理由
各式生活良品杂货与设计小物大集合。

MILL以日常生活中需要用到的各式用品，并以简约设计、实用耐用而具质感的良品为店内商品风格出发点，从衣服、袋子、杯碗锅子到各式饰品小物甚至咖啡或调味料品项等，都囊括在内，也让小小店内空间却是商品琳琅满目，从北欧品牌到日本地方良品选物、设计师作品，通通让人爱不释手。

H&M

- 地铁东西线大通站步行约2分钟，或由地下步行空间直结
- 札幌市中央区南1条西3-1
- 011-218-7221
- 10:00—20:00，不定休
- www2.hm.com/jape

快速流行店必逛之一的H&M，不让ZARA专美于前，也终于在2013年底登陆北海道，第一家店就设在ZARA对面，同样4层楼的大店铺、广达1 900平方米，货品齐全，从地下2楼到地上2楼，连接地下商店街，即使天气不理想一样可以轻松逛。

大通BISSE

- 与札幌地下步行空间直结（13号出口）
- 札幌市中央区大通西3-7（北洋大通センター）
- 7:00—23:00（依店家而异），1月1日休息
- www.odori-bisse.com

以北国幸福生活为提案的大通BISSE，就位于大通公园边，这栋融合办公及商场的复合式大楼，不走流行商品路线，主要以美食、咖啡、养生茶品、美容、生活杂货等商店所组成，商店主要集中在1～4楼以及与地下步行空间连接的B2商店，挑高商场空间展现出一派优雅娴静的风格。

Seicrmart

- 大通 BISSE B2
- 011-206-9738
- 7:00—22:00，1月1日休息
- www.seicomart.co.jp

推荐理由
明明只是便利超商，却有好多自制的道产美味餐点，让人天天都想来报到。

如果对"北海道产"有莫名的喜爱，那一定要来这里逛逛。总公司在札幌的 Seicrmart，光在北海道就有数千家店，虽然不是每家都是 24 小时营业，但这里随便逛，从饮料、面包、熟食、热食、零食、冰品、啤酒、蔬果区等，几乎都能看到北海道特色产地食材采用的字样，逛街逛到不可自拔没时间吃饭，或是半夜还想吃点小东西，那么这里是您的首选。

POLE TOWN

- 地铁南北线大通站、すすきの站直结
- 札幌市中央区南 1～4 条西 3～4
- 011-221-6657
- 10:00—20:00，1月1日及一年两次检修日休息
- www.sapporo-chikagai.gr.jp/cgi-bin/top.cgi

推荐理由
舒适购物之余，更可以感受札幌连地下都热闹的人气。

POLE TOWN 是地铁大通站与薄野站间的地下街，在南1西3到南4西3的地下延伸，地下街内除了有服饰、咖啡、名产、化妆品等各种店面，还有出口与三越、PARCO、PIVOT 和狸小路等逛街地一路直结，在冬天和假日时尤其热闹。大通站另外还有一条地下街 AURORA TOWN，连接大通地下由西3到电视塔，两条地下街并称为"札幌地下街"。

CENTRAL

- 地铁南北线大通站 12 号出口步行约 2 分钟
- 札幌市中央区南 1 条西 3-2
- 011-231-1131
- 10:00—19:00，不定休，12 月 31 日至次年 1 月 1 日休息
- www.daimarufujii.co.jp/central

● 推荐理由 ●
百年历史的文具店，是文具控必去的一站。

　　拥有 120 年历史的 CENTRAL，是札幌超大型的老牌文具专卖店，但可别以为这里卖的都是带着浓浓时代感的老文具，里面尽是最新最流行的文具商品，地下 1～4 楼摆满各式文具、杂货、和风小物，还包含超人气的可爱布偶，7 楼还有美术展览室，可以慢慢逛上一个下午。逛累的话，推荐到 4 楼的味の三平吃碗味噌拉面，这里可是札幌味噌拉面的起源地。

丸井今井

- 地铁大通站 20 号出口直达本馆与一条馆、24 号出口直达大通别馆、34 号出口直达南馆
- 札幌市中央区南 1 条西 2
- 011-205-1151
- 10:00—19:00、大通馆 10F 美食街 11:00—21:00，各馆美食街周日至 19:30（依店家而异）。
- www.marui-imai.jp

　　札幌的丸井今井与本州相当热门的丸井今井 (O1O1) 只有同名的关系；是在札幌开业百年以上的独立历史老铺，在站前的大丸蹿起前一直是北海道最受欢迎的百货。现在丸井今井在大通一带共有 4 间分馆：位于大通一侧、占地最大的本馆大通馆专攻各年龄层的女性，一条馆以男性服饰为主，大通别馆的 1～2 楼就是气派的 LV，南馆则拥有 6 层楼的大型书店淳久堂。

quatre saisons

- AURORA TOWN 内
- 011-200-3936
- 10:00—20:00
- www.quatresaisons.co.jp

● 推荐理由 ●
生活杂货散发出温暖的质感,让人爱不释手。

追求简单自然生活风格、家居摆设的人,来这里寻宝就对了。创立于1968年的quatre saisons,名称为法语的"四季"之意,以巴黎生活为提案,店内尽是质感舒服、颜色柔和的生活小物,随季节变换的摆设中,无论是定番商品或是每月进货两次的新品,清新简约的风格,都一样让人爱不释手。

PARCO

- 地铁大通站11号出口步行约1分钟
- 札幌市中央区南1条西3-3
- 011-214-2111
- 10:00—20:00、周六10:00—20:30(依各店而异),8F餐厅11:00—23:00
- www.parco-sapporo.com

札幌PARCO可以说是札幌年轻女孩最喜爱的逛街地。相邻的新馆和本馆里,有UNITED ARROWS、JOURNAL STANDARD、COMME des GARCONS、TOMORROWLAND等服饰品牌,不论是时尚派或森林系女孩都能在这里找到自己的风格。

CECIL McBEE

- 4pla B1
- 011-290-5545
- 10:00—20:30
- cecilmcbee.jp

● 推荐理由 ●
巧妙糅合青春与高雅的时尚，成就了 CECIL McBEE 在少女间不坠的人气。

　　常登上日本杂志的 CECIL McBEE 深受年轻女性欢迎，同时也是知名艺人滨崎步爱用的品牌，以少女刚蜕变为大人的清新成熟感设计出优雅、休闲与性感等3种风格，粉嫩的色彩与可爱的设计让人深受吸引，想要纤细柔美、活泼明亮还是可爱性感，在这里都可以搭配出亮眼的全身行头。

Seria 百元店

- 4pla 4F
- 011-206-1435
- 10:00—20:30，1月1日休息
- www.seria-grou

● 推荐理由 ●
颜色丰富，还有超级多可爱杂货风小物。

　　在日本三大百元店体系中，Seria 以高质感、杂货风物品丰富、可爱色彩、日本制等，评比普遍又比 Can Do、大创略胜一些。位于4楼的 Seria 果然以符合 4pla 主客群的女孩儿们所需求，各式粉嫩色杂货、杯碗瓢盆都很可爱外，还有手作 DIY 材料专区也都是女生最爱，连他的彩妆品及彩妆相关小道具，也都颇受好评。

狸小路

从西1丁目开始洋洋洒洒延伸到西8丁目的狸小路，是札幌历史最悠久、也是最长的商店街。狸小路上的品牌服饰、可爱小店较少，以逛街来说，也许不是最适合的，但药妆、名特产店和不少餐厅齐聚于此，加上营业时间较晚，不失为购买伴手的好地方。在狸小路1、2和狸小路8有些风格较特别的小店，药妆和最热闹的区域则集中在狸小路3～5的区块。

◎ 交通路线&出站信息

● 电车

路面电车狸小路站

　　地铁大通站： 南北线、东西线、东豊线
　　地铁すすきの站： 南北线
　　地铁豊水すすきの站： 东豊线

● 出站便利通

　　狸小路位于南2～3条的西1～8丁目之间，差不多就在大通公园与薄野地区的中间。2015年札幌市电完成循环化之后，在すすきの及西4丁目之间新增了狸小路站，可以直接抵达狸小路中心位置，交通更为方便。

　　搭乘地铁的话，从大通站、すすきの站步行过来的时间都差不多。不想在路面上晒太阳、淋雨的话，可以利用连接札幌站到薄野的地下街，狸小路的出口就位于4丁目上。

ダイコクドラッグ

- 地铁南北线すすきの站 1 号出口步行约 7 分钟、东丰线豊水すすきの站 1 号出口步行约 4 分钟，路面电车狸小路站步行约 5 分钟
- 札幌市中央区南 2 条西 1-5 丸大ビル 1F
- 011-218-6615
- 10:00～22:30（因时期而异）
- www.daikokudrug.com

推荐理由

在狸小路各家药妆竞价下，这一家是整体最便宜的店铺，当然是抢便宜的首选。

虽然没有位于狸小路上，ダイコクドラッグ依旧人潮拥挤，挤满了日本国内外的内行人，原因就在于这家店是这一带整体售价最低廉的药妆店，且店内琳琅满目的商品货色十分齐全，因此在当地人气与评价极高。但仍要注意的是，狸小路一带的药妆店商品售价互有高低，若有时间慢慢购物的话，建议还是货比三家比较放心。

SAPPORO 药妆店

- 路面电车狸小路站步行约 2 分钟
- 札幌市中央区南 3 条西 5-14（狸小路 5 丁目店）
- 011-252-5060
- 10:00～23:00
- www.sapporo-drug.co.jp

SAPPORO 药妆店是北海道规模最大的连锁药妆店，光狸小路商店街上就有两家。店内清爽明亮、商品整齐好找，严选日本及海外畅销品陈列，采买超轻松。还附设手机充电站、外币兑换机、饮水处等贴心设施。价格相较其他药妆店，也各有千秋，其中位于五丁目的店有 3 层楼，营业至凌晨一点，包含超市、药品、化妆品，分门别类相当好逛。

DAISO

- 路面电车狸小路站步行约 4 分钟
- 札幌市中央区南 2 条西 2 富樫ビル 1F
- 011-221-5273
- 10:00—21:00
- www.daiso-sangyo.co.jp

推荐理由
铜板商品一箩筐，让人眼花缭乱。

　　DAISO 百圆商店在日本及札幌各地随处可见，但千万不要因此就将它从日本旅游景点中剔除掉，尤其来到札幌更不能错过位于狸小路旁的这家分店，楼层数达 5 层的大型商场中，尽是美味零食、珍奇杂货、生活实用小物……丰富多样的商品让人目不暇接，平实的价格则让人开心地越买越多。

伴手礼 榆

- 路面电车狸小路站步行约 4 分钟
- 札幌市中央区南 3 条西 6-10
- 011-231-9596
- 9:00—21:00

推荐理由
光看人潮，就知道这里是游客争相抢购的便宜土产店。

　　伴手礼榆的商品虽不那么多，但北海道的定番伴手礼在这里都找得到。不大的店内挤满了人，不只是因为旅行团会带团员前来血拼，更是因为这里打着免税再 9 折的名号（限部分商品），不过这项优惠只限外国游客。店里的店员都会一点儿简单的中文。

小樽駅・小樽运河

　　繁荣港口的过往,封存在小樽历史感的街道、旧时运河与瓦斯灯组成的风景中。现在以观光为主的小镇,贩卖玻璃制品、八音盒的小店比比皆是,还有知名的寿司通和美味的洋果子店,等着游人一饱口福。

　　小樽最美的风景——小樽运河,可以说是最具代表的景点,这条已废弃不用、埋填掉大半的运河,经过高明的规划,变身为城市最浪漫的地点。走下河堤石径,散步的情侣、专业摄影师、街头艺人,每个人都能在运河边找到乐趣。

◎ 交通路线&出站信息

● 电车
JR 小樽駅： 函馆本线

● 巴士
中央巴士：小樽駅前站

1号乘车处： 往【札幌】高速小樽号、高速余市号、高速积丹号、高速岩円号、高速新雪谷号

2号乘车处： 往【札幌・桂冈・朝里川温泉】高速小樽号、小樽・桂冈线、（13路）朝里川温泉线

3号乘车处： 往【小樽水族馆・祝津・赤岩】（10路）おたる水族馆线、（11路）祝津线

4号乘车处： 往【小樽运河・童话十字路口・天狗山缆车・小樽筑港】小樽散策巴士、（9路）天狗山路线、（1路）ぱるて筑港线

5号乘车处： 往【余市・美国・积丹余别・神威岬】高速余市号、高速积丹号、（18路）余市线、（20/21路）积丹线

6号乘车处： 往【岩内・俱知安・新雪谷・キロロ】高速岩内号、高速新雪谷号、KIRORO 线、定期观光

JR 北海道巴士：小樽駅站

1号乘车处： 往【札幌・宫の沢】（宫65路）小樽线、（快速65路）小樽线

2号乘车处： 往【小樽商大】（19路）小樽商大线

● **出站便利通**

在小樽主要的观光区域如堺町通、寿司通与运河周边，均可由小樽车站步行游览。如果希望前往市郊景点或想利用交通工具的话，可利用小樽散策巴士、小樽市内的路线巴士或是自行车。

小樽散策巴士 中央巴士推出3条小樽市内观光路线，分别为通往市中心景点的小樽散策巴士、开往天狗山的9路天狗山线，以及通往祝津方向的10路小樽水族馆线，另外也有期间限定的天狗山行き小樽天狗山夜景バス，购买一日券的话就能无限次乘坐，还可无限搭乘小樽市内线巴士，票券可在巴士内购买。

💰 搭乘一次：大人220日元、小孩110日元，一日券：大人750日元、中学生500日元、小孩380日元

可从中央桥、浅草桥或人力车待机处乘坐人力车，可选择喜欢的路线游览。

📞 0134-27-7771

🕘 9:30至天黑（依季节变动）

🌐 www.ebisuya.com/store_info/otaru/

欲骑乘自行车游览，可在以下店铺租借。

レンタサイクルシーガル

🏠 小樽市港町4-2

📞 0134-24-9477

🕘 4~10月 9:30—17:00

💰 2小时内500日元、1日2 000日元

🌐 otaru-kankousen.jp

ちゃりんこ・おたる

🏠 小樽市稲穂2-7-9

📞 0134-32-6861

🕘 8:00—21:00（非夏季时营业时间可能会变动），大雨或冬天会临时休息

💰 1小时500日元、1日（8小时）1 600日元

🌐 c-otaru.sakura.ne.jp

大正硝子馆

- JR 小樽駅步行约 12 分钟
- 小樽市色内 1-1
- 0134-32-5101
- 9:00—19:00(夏季延长至 21:00)
- taishougarasu.com

● 推荐理由 ●
除了配好色的成品外,还有零卖的珠子可自由选购、创意搭配。

大正硝子馆以本馆为起点,有不同主题的玻璃制品店面、制作和体验工房,承袭自大正时代优雅风格的自家工房作品也很受欢迎。本馆后方的蜻蜓珠馆还有色泽瑰丽的蜻蜓珠,漂亮的珠子可串成手环、项链等饰品。

柚子工房

- JR 小樽駅步行约 10 分钟;或搭乘散策巴士至小樽运河ターミナル站。
- 小樽市色内 2-2-21
- 0134-34-1314
- 9:00—17:00,1 月 1 日休息
- www.geocities.jp/yuzu_koubou

● 推荐理由 ●
柚子工房算是小樽玻璃艺品店中较有个性的小铺,别忘了拐进巷子到这里逛逛。

柚子工房是一家贩卖玻璃艺品、陶制杯碗,同时也提供手做体验的店家。店外的雨棚有着亮眼的黄白条纹,店内则摆满各异其趣的商品,如可爱的摆饰小物、个性的猫咪主题作品,或是和风的提袋、明信片等,商品种类是百百款,因为店名是"柚子",还有满满一柜子的相关商品。印着柚子图样的杯碗、茶匙,都很吸引人,整家店清爽又充满活力。

vivre savie+ mi-yyu

- JR 小樽駅步行约 12 分钟
- 小樽市色内 2-4-7
- 0134-246268
- 11:00—18:00,周一、第 3 个周二(遇假日营业)休息

● 推荐理由 ●
这家杂货店不仅是改自古商家,店内陈设的各类小物更散发出独特的闲适氛围。

改装自明治三十七年 (1904 年) 建的古商家建物,杂货铺 vivre sa vie + mi-yyu 里里外外皆充满着历史感。踏入店内,简单朴实的内部装潢中,流露出一股缓慢闲适的气息,店内贩售着各种小物及杂货,如绘本、文具、可爱装饰品及自然风服饰,其中还有许多艺术家寄售的作品。

函馆元町

函馆拥有曾名列"世界三大夜景"的函馆山。山脚下的元町一带有18条平行的街道,坐落着许多优美的教堂,适合散步游览。此区的景点非常集中,又都是平缓的小坡路,很适合看山看海,以及畅饮啤酒大啖海鲜。

◎ 交通路线&出站信息
● 电车
JR 函馆駅:函馆本线、江差线
函馆市电十字街站:2号系统、5号系统
函馆市电末広町站:2号系统、5号系统
函馆市电大町站:2号系统、5号系统
函馆市电函馆どつく前站:2号系统、5号系统
函馆市电宝来町站:2号系统
函馆市电青柳町站:2号系统
函馆市电谷地头站:2号系统

シングラーズ 乌贼墨染工房

- BAY はこだて
- 0138-27-5555
- 9:30—19:00
- www.ikasumi.jp

　　位于BAY はこだて里的シングラーズ(singlar's)，专卖乌贼墨染的相关商品。墨汁取自函馆近海捕获的乌贼，经过特殊处理，便成了与印象中的黑色墨汁大不相同的棕褐色染料。シングラーズ以乌贼墨开发了200多种原创商品，手袋、书衣、吊饰、明信片等应有尽有，质感细腻，尽显日式的优雅风情。印有昆布、奉行所等函馆特色的手巾，也十分具有纪念价值。

和雜貨 いろは

- 市电十字街站步行约5分钟
- 函馆市末广町14-2
- 0138-27-7600
- 10:00—19:00，1~4月的周一休息
- iroha-sapporo.jugem.jp

● 推荐理由 ●
店内每一样商品都有着可爱设计，让人爱不释手。

　　函馆元町有着多间拟洋风建筑与和洋折中町屋，いろは也是其中之一。いろは为1908年建成的和洋折衷住宅，在1楼怀旧的和风建筑上，搭配洋风十足的2楼外观，甚是独特。店内的商品则以和风生活为主题，从食器、各式、和风杂货、布制品、厨房用品，甚至是绘本，生活小物琳琅满目地陈列在整个店内，穿梭其间便情不自禁地沉溺其中。

边买边吃

札幌駅周边

北果楼

- JR 札幌駅步行约 12 分钟（札幌地下道可直达）
- 札幌市中央区北 1 条西 5-1-2
- 0800-5000318
- 1 楼店铺 10:00—19:00，2 楼咖啡店 10:00—18:00
- www.kitakaro.com

推荐理由
由建筑大师安藤忠雄改造，飘散风雅的沙龙氛围。

2016 年 3 月新开业的北果楼札幌本馆，由建于大正十五年的旧文书馆别馆改造而成，透过建筑大师安藤忠雄之手，变身为宛如文学音乐沙龙的优雅洋果子咖啡馆。2 层楼的建筑里，一楼卖店陈列了北果楼全系列商品，还有本店限定商品。2 楼的挑高空间则是咖啡馆，有着令人印象深刻的大片书墙与自然采光，浪漫气氛马上成为札幌热门新亮点。

六花亭本铺

- JR 札幌駅步行约 3 分钟
- 札幌市中央区北 4 条西 6-3-3
- 011-2616666
- www.rokkatei.co.jp

推荐理由
边吃甜点还能享受艺术与音乐的飨宴。

与白色恋人同样以白巧克力起家，这家百年老店除广受在地人喜爱外，其近半世纪以来与文化、艺术更是深层联结，这让他许多店家据点，都与艺术离不开关系。2015 年 7 月设立于札幌车站邻近的本店，10 层楼的崭新建筑，除了一楼是各式甜点蛋糕、六花亭杂货贩售部外，2 楼有六花亭咖啡厅，其他楼层还包含音乐厅、艺廊、YAMAHA 音乐商店及其他餐厅等，是个享受甜点与艺术的综合地。

Atrium Terrace

🏠 赤れんが テラス 2F
🕐 TUNE Cafe 10:00—22:00

● 推荐理由 ●
超漂亮景观空间可以免费自由入座。

　　面对着旧本厅舍前3条广场的 Atrium Terrace，超挑高的空间，加上通透的玻璃帷幕，不但将外面广场上的银杏道绿意引进来，室内空间也有树木点缀其间，而这么舒适的区域却是完全免费自由入座的。旅人可以来这里打打计算机、休息小憩，或是三五好友在这里聊聊天，渴了饿了，一旁也有 TUNE 咖啡轻食吧，不论白天夜晚，风情各不同。

札幌拉面共和国

🏠 ESTA 10F
📞 011-213-5031
🕐 11:00—22:00
🌐 www.sapporoesta.jp/ramen

● 推荐理由 ●
到拉面共和国，就能一次品尝北海道三大拉面。

　　充满昭和时代怀旧气氛的拉面共和国位于札幌 ESTA10 楼，里面集合了以北海道各地为主的八家精选拉面店，包括札幌味噌拉面专门店"白桦山庄"、函馆的盐味拉面"あじさい"和旭川酱油拉面"梅光轩"，也常有新店开业。这里还有一家名叫"札幌拉面开拓舍"的商店，北海道的拉面名店们所出品的拉面调理包都可以找到。

串鸟札幌駅前店

🚉 JR 札幌駅南口步行约5分钟
🏠 札幌市中央区北4条西2札幌 TRビル2F
📞 011-233-2989
🕐 11:00—14:00、16:30—00:30，12月31日休息
🌐 Kushidori.com

● 推荐理由 ●
在旭川、仙台和东京也开有分店的串鸟，其实是札幌出身的名店，到发迹地怎么能错过呢。

　　走在札幌街头，红色招牌上头写着大大的串鸟二字非常醒目，是夜里诱人的美味。店内提供40种以上的串烧，皆使用北海道的新鲜食材，并以备长炭烘烤，滋味鲜美。特别推荐培根包着麻糬的麻糬培根卷，油脂丰厚的培根搭配麻糬很有口感；镶着肉的青椒串可一次品尝到肉和蔬菜的甜味，清爽不腻，也很受欢迎；喜欢蔬菜的朋友，有着满满萝卜泥的舞菇串以及马铃薯串都是不错的选择。

大通公园

BARISTART Coee

- 地铁东西线大通站步行约 2 分钟
- 札幌市中央区南 1 条西 4-8
- 011-215-1775
- 9:00—19:00
- www.baristartcoee.com

推荐理由
在具设计感的迷你小店中,品尝牛奶与咖啡交融的美味。

以外带为主的这家咖啡店,内部仅容三四人的站立吧台区,虽然空间超迷你,但以手艺精湛、曾得过奖的咖啡师,以及采用北海道十胜牧场等珍贵稀少奶源为主的拿铁,让这家店立即成为话题,当然店外宛如小木屋般的欧式外观设计及可爱黑熊主视觉,也相当吸睛。

DONGURI 面包店

- Le trois 商场 1F
- 011-210-5252
- 10:00—21:00
- www. donguri-bake.co.jp

推荐理由
超过 100 种现烤美味面包,每个都好想买来吃。

DONGURI 是北海道人气面包店,强调家庭氛围及各式现做面包、众多口味,加上不断开发的新口味,店内堆满的面包,总是让人看了充满食欲,难怪进军札幌后,也迅速攻占了札幌人的胃。店内人气 No.1 的竹轮面包里面就包覆着口感十足的竹轮,还有口感松软飘散淡淡肉桂香气的肉桂卷、自家调配的独家咖哩面包等,都是人气首选。

Curry Di.SAVoY

- 地铁大通站 10 号出口步行约 3 分钟
- 札幌市中央区南 1 条西 5-7 丰川南 1 条ビル B1
- 011-219-7810
- 11:30—22:30，周三休息
- www.curry-disavoy.com

● 推荐理由 ●

可以吃到大量道产蔬菜的人气汤咖喱店。

　　札幌美食除了拉面、海鲜、甜点之外，汤咖喱也是必吃定番，各式汤咖喱店以独家调味吸引食客，辣度也可自由选择，清爽的汤头风格也流行到日本各地。Curry Di.SAVoY 自 1994 年创业以来，每天便以鸡骨、超过 60 千克的蔬菜，及 20 种独家调配辛香料熬煮 18 小时以上，历经 2 天时程处理，仔细过滤后的汤头滋味丰富、香气层层相叠，不论搭配肉类或蔬菜，都很美味。

BISSE SWEETS

- 大通 BISSE 1F
- 10:00—20:00，KINOTOYA Cafe 8:00—21:00，1 月 1 日休息

● 推荐理由 ●

北海道人气甜点店一次到齐，也太幸福了！

　　位于 1 楼的这家甜点店，说是一家，其实集合了 6 家甜点店，而且各自来头都不小，通通都是北海道各地区的人气必选，包含 KINOTOYA Cafe、月寒あんぱん、SNAFFLE'S、小樽洋果子あまとう、Bocca 等，从冰品、饼干、蛋糕到各式甜派等，每个都好吃得很，完全是甜点控必报到之处。

KINOTOYA BAKE

- POLE TOWN
- 012-024-6161
- 10:00—20:00
- www.kinotoya.com

● 推荐理由 ●

一年可以卖出 520 万个的美味起司塔就在这里。

　　1983 年于札幌开店的 KINOTOYA，可说是札幌超人气洋果子店之一，尤其是以大量牛奶为原料的札幌农学校牛奶饼干，是历久不衰的人气伴手礼。这款以 3 种不同起司混和的起司塔，更是人气超夯，塔皮酥松、内馅宛如慕斯般的湿润滑顺口感，热热的吃，美味无敌。难怪这家设于 Pole Town 地下街专卖起斯塔的 KINOTOYA BAKE，总是大排长龙、很受人们喜爱。

狸小路

二条市场

- 路面电车狸小路站步行约 8 分钟，地铁东丰线大通站 35 号出口步行约 6 分钟
- 札幌市中央区南 3 条东 1～2
- 011-222-5308
- 7:00—18:00（依店家而异）

二条市场虽不在狸小路上，但却十分邻近。位于狸小路东侧的二条市场是札幌最知名的观光市场，肥美的帝王蟹、海胆、鲜鱼和新鲜蔬果等豪迈陈列着，老板们站在摊位里热闹叫卖，充满庶民气息。除了北海道代表的海鲜和生鲜食材之外，和其他日本市场一样，二条市场也少不了小铺餐厅，位于市场一角的暖帘横丁就有不少居酒屋和小吃店聚集，可以市场价格饱尝鲜味。

FAB café

- 地铁南北线大通站 10 号出口步行约 10 分钟，路面电车西 8 丁目站步行约 3 分钟
- 札幌市中央区南 2 条西 8-5-4
- 011-272-0128
- 11:30—21:30、周日及节假日 11:30—20:30，周一（遇节假日照常营业）休息

● 推荐理由

悠闲吃茶时光之外，室内更是充满日式小店独有的韵味。

在狸小路 8 丁目的尽头、古书店与个性服饰店交错的街道之间，FAB café 避开人潮，为顾客提供一个宁静安适的空间。窗外阳光洒落木制桌椅，墙壁上利用并排的手绘杂志做装饰，明亮而温暖的气息萦绕店里。除了香气浓郁的咖啡和手工点心、三明治，店里还贩售着许多杂货商品，以及造型可爱古朴的文具和餐具。

Little Juice Bar

- 地铁南北线薄野站，路面电车狸小路站步行约 10 分钟。
- 札幌市中央区南 4 条东 3-11-1
- 011-231-5616
- 4～9 月 11:00—20:00，10 月至次年 3 月 11:00—19:00，周三休息
- www.littlejuicebar.com

推荐理由
座位区在二楼阁楼，温馨的空间内，充满文青风格，还可欣赏优雅建筑空间结构。

从行动咖啡车形式到变成实体店面，从 2005 年开店，2010 年搬到现在这栋古老的石造仓库建筑内，Little Juice Bar 以野菜专家结合营养师，将各式营养透过一杯果汁充分提供，不但以契约农作保障源头安全，各式果汁调配直接以美肌、提升代谢或是抗酸化等标示，选择更便利，重点是融合的美味比例口感，让人重新爱上果汁。想喝热的，冬季店内也提供蔬菜浓汤。

小樽駅・小樽运河

泽崎水产

- 出拔小路
- 0134-23-2112
- 11:00—20:00，11 月至次年 4 月的周四休息
- www.otarudenuki.com/shop07/index.html

推荐理由
小巧店面常常满席，不过美味丼饭就是值得等待。

作为港都，小樽当然也有大碗划算的海鲜饭。出拔小路正面的这家食堂是由 40 年经验的泽崎水产直营，每日都有新鲜海味可以品尝，除鲜甜的干贝、厚实的鲔鱼以外，还有松叶蟹肥满的蟹脚，一次就可以吃到多种大海恩赐，难怪会成为小樽的人气餐厅。

若鸡时代 なると NARUTO

- JR 小樽駅步行约 8 分钟
- 小樽市稲穂 3-16-13
- 0134-323280
- 11:00—21:00,周一休息(遇节假日顺延一天)
- otaru-naruto.jp

● 推荐理由 ●
要是没吃过这超人气美味炸鸡,可别说来过小樽。

若鸡时代 なると贩售多样定食、井饭、拉面、生鱼片、串烧、炸物等,其中就属 1965 年诞生的"若鸡半身"最具人气,也是店内的招牌菜色。若鸡半身的鸡肉先以胡椒盐调味,经过一夜的腌制入味后再现炸上桌,酥脆的外皮裹着多汁的鸡肉,无论是谁都无法抵抗这香气四溢的当地美味。

Cake & Café MARIE LAURENCIN

- JR 小樽駅正对面, dormy inn PREMIUM 小樽旁
- 小樽市稲穂 3-9-1
- 0134-344222
- 8:00—20:00

● 推荐理由 ●
装潢低调的在地人午茶爱店,其实就位于小樽駅对面。

吃茶店 MARIE LAURENCIN 备受当地人喜爱,店名取自法国女画家之名,从店名到装潢都希望让顾客感受巴黎的美好气息。店内最出名的就是各种无添加香料的手作蛋糕,简约的巧克力蛋糕有着鲜明可可香气,口感恰好,不会过于干燥或是湿润,绵密质感搭配上香浓鲜奶油更是美妙,一口红茶一口蛋糕,午后的时光就这样幸福地度过了。

美园

- JR 小樽駅步行约 5 分钟
- 小樽市稲穂 2-12-15
- 0134-229043
- 10:30—20:00,周二休息

● 推荐理由 ●
由水产公司直营的美味,新鲜有保证!

美园是小樽的老牌冰激凌店,创建于西风东渐的 1919 年,是北海道最早贩售冰激凌的店家。采用牛奶、鲜奶油、新鲜水果、蜂蜜、鸡蛋等材料纯手工制作的各色冰激凌与圣代,深获小樽人的喜爱,甜而不腻的滋味,让吃的人冰在嘴里、甜到心坎。

泷波食堂

- 三角市场内
- 8:00—17:00
- www2.enekoshop.jp/shop/takinami

三角市场内有不少便宜的食堂，其中不可不提的就是这一家泷波食堂，店内的海鲜饭选择非常丰富，干贝、甜虾、鲑鱼、等新鲜食材满满一碗，还有可以任选搭配海鲜的3品、4品盖饭，另外还有超值的海胆盖饭，橘黄色的海胆盖满白饭，光看就让人口水直滴，难怪会吸引顾客大排长龙。

荞麦屋 籔半

- JR小樽驿步行约5分钟
- 小樽市稻穗2-19-14
- 0134-33-1212
- 11:00—20:30，16:00—16:30为休息时间，周二、1月1～3日休息
- www.yabuhan.co.jp

推荐理由
美食以外，改装自富商宅邸的建筑也很引人注目。

籔半是小樽的荞麦面名店，从昭和二十九年(1954年)创立以来，一直受到当地人的爱戴。店内多种搭配的荞麦面中，最让人念念不忘的就是可品尝鰊鱼的一品了，将捕自小樽前滨地区的鰊鱼制成一夜干后，再用店家自豪的荞麦汤为底烹煮，软嫩鱼肉带有入味的咸甜，搭上香气清爽的滑溜面条，是大地与海洋的美好邂逅。

鱼真

- JR小樽驿步行约10分钟
- 小樽市稻穗2-5-11
- 0134-22-0456
- 12:00—14:00、16:00—21:30，周日（隔天若为假日则营业）休息

推荐理由
虽然位置稍微远离热闹大街，但鲜美生鱼片及握寿司依旧吸引许多餐客上门，并赢得其好评。

鱼真的店主人三代皆经营渔业，经过长年来的经验养成，挑选新鲜味美海产的眼光精确，店内使用的海鲜质量值得信赖。如果因选择太多而迟迟无法点餐，推荐可以点10贯的上寿司或特上寿司，想吃高级一点的还可以选15贯的鱼真握寿司、小樽握寿司，随餐还附赠土瓶蒸，加入鲜虾、昆布、香菇的汤十分清甜顺口，吃过生鱼片正好可以暖暖胃。

函馆元町

Petite Merveille

- BAY はこだて
- 0138-84-5677
- 9:30—19:00
- petitemerveille.jp

● 推荐理由 ●
Petite Merveille 的奶酪蛋糕引起一口蛋糕的风潮,备受好评。

Petite Merveille 是北海道最早做出一口尺寸奶酪蛋糕的洋果子店,也是到函馆必造访的名店之一,以价格平实、高质量的法式甜点广受喜爱。店内的人气商品——メルチーズ奶酪蛋糕,已连续 7 年获得世界食品评鉴 Monde Selection 的金奖殊荣,浓郁奶香带着温醇甜味,不喜欢重奶酪口味的人也很容易入口。此外,深受欢迎的还有同样多次获得金赏的南瓜布丁,使用甜度超高的有机南瓜,口感如慕斯般细致,是不可错过的绝品滋味。

茶房 旧茶屋亭

- 市电十字街站步行约 2 分钟
- 函馆市末广町 14-29
- 0138-22-4418
- 7~9 月 11:00—17:00、10 月至次年 6 月 11:30—17:00,不定休
- kyuchayatei.hakodate.jp

● 推荐理由 ●
茶点以外,2 楼还有精致的手作杂货可以逛逛。

面对着 20 家坂的旧茶屋亭,是两层楼高的和洋折中建物,已有百年历史,充满怀旧气息的外观相当吸引人。旧茶屋亭在明治末期原为海产店,于 1992 年改建为现在的茶屋,保留着旧时外观,内部装潢则使用大量的欧式家具,再现了大正时期的浪漫风格。在如此独特的空间中享用精致的和果子更是一场五感飨宴,写在金扇子上的菜单、茶具及点心盘等,美得宛如艺术品,超高人气的蜜红豆装满了水果、白汤圆、蜜红豆和凉粉,缤纷又可口。此外,可以亲自体验沏茶乐趣的抹茶和果子也很推荐。

CALIFORNIA BABY

- 市电末广町站步行约 5 分钟
- 函馆市末广町 23-15
- 0138-22-0643
- 11:00—22:00，周末及节假日 10:00—22:00，周四休息

● 推荐理由 ●
肉酱、香肠、奶油炒饭，丰富配料让味道更有层次，不同的搭配也很有趣。

被昵称为"Cali Baby"的CALIFO RNIA BABY改造自大正时代的邮局，外观就洋溢着美式风情，墙上挂着的照片以及亮着霓虹的吧台更让人仿佛置身加利福尼亚州。不管是第一次造访，或是再三光顾的当地人，众人心中的首选都是 Cisco Rice，把烤过的美式香肠放在奶油炒饭上，接着淋上满满的意大利肉酱，再搭上玉米、马铃薯泥，就是风靡在地人的经典滋味。

五岛轩

- JR 函馆駅步行 18 分钟
- 函馆市末广町 4-5
- 0138-23-1106
- 11:30—14:30，17:00—20:30（11 月至次年 3 月至 20:00），1～2 月周一休息
- www.gotoken.hakodate.jp

● 推荐理由 ●
五岛轩的咖喱是函馆人熟悉的老味道，也是游客朝圣的美味。

创于明治十二年的咖喱洋食店五岛轩，单是潇洒的洋馆外观就令人印象深刻，店内气派豪华的空间与回廊，充满怀旧气息，还曾成为小说和舞台剧的场景。五岛轩的招牌是咖喱，浓厚略甜的香醇味道，是从大正年间传承至今的不变美味。另外也有历史悠久的西餐厅，提供法式和俄罗斯料理。

住在北海道

◎ Hotel Clubby Sapporo

　　Hotel Clubby Sapporo 紧邻人气观光景点——札幌工厂，自巴士中心前站下车，于 7 号出口出站，步行约 5 分钟。饭店外观设计以红砖为基调，饭店内以白色为统一色调的走廊，则使人联想起悠闲的地中海风情。客房面积宽敞，约为札幌市内饭店平均的 1.5 倍，让住客们尽情享受悠闲舒适的美好时光，全馆备有 Wi-Fi，满足旅客及商务客们的共同需求。

　　在餐食方面，主厨以北海道严选食材所特制之佳肴美味绝伦，饭店的自助式早餐有北海道当地产的米饭、牛奶，还有厨师在眼前特制而成的欧姆蛋等美味料理可供享用，备受好评。想要购物的住客们别错过饭店前方的大型购物中心，购物中心里汇集了众多运动品牌、流行时尚、美食餐厅等约 160 家的店铺与设施，还会随着季节更迭举办各式活动，每次光临都会有不同的惊喜与体验。

🏠 札幌市中央区北 2 条东 3 丁目　☎ 011-242-1111　🌐 sapporofactory.jp/clubby

◎ KEIO PLAZA HOTEL SAPPORO

　　这里不但有着方便的地理位置，饭店内 B1 还有 TOYOTA 租车公司，可以以此地为据点租车游玩附近景点，十分便利。除了便捷的交通，连续 4 年获得"乐天旅游"肯定的 KEIO，不只拥有舒适的休憩空间与亲切的服务，更有美味的餐点，除了人气极高的自助式午餐外，这里提供的早餐还在 2012 年获得 tripadvisor 使用者评价为美味早餐饭店的第 11 名。早餐可选择在 22 楼以札幌市景佐和食早餐，也可以选择在 1 楼的大片落地窗旁沐浴在阳光下享用自助式早餐，无论是哪一方都十分美味，来这里住千万别错过了！

🏠 札幌市中央区北 5 条西 7-2-1　☎ 011-271-0111　🌐 www.keioplaza-sapporo.co.jp

dormy inn PREMIUM 札幌

全日本都有连锁的 dormy inn，每家旅馆几乎都有附设温泉或大浴场，相当受旅客欢迎。位于狸小路上的 dormy inn PREMIUM 札幌和隔邻的 dormy inn ANNEX 同样拥有温泉浴场和露天风吕，check-out 时还有预约的免费接驳巴士，和行李一起轻松前往札幌车站。

🏠 札幌市中央区南 2 条西 6-4-1　☎ 011-232-0011　🌐 www.hotespa.net/hotels/sapporo

定山溪万世阁 HOTEL MILIONE

定山溪万世阁饭店以带有东方情怀的丝路为主题，其名称 milione 为意大利文的"百万"之意，取自马可•波罗游记的昵称 Il Milione。除了自豪的温泉、客房外，晚上还可结伴到阿拉伯风味的夜总会、居酒屋、卡拉 OK 等地方消磨时光，各种不同设备，满足所有客人的需求。

🏠 札幌市南区定山溪温泉东 3　☎ 011-598-3500　🌐 www.milione.jp

鹿の汤

创建至今已有 80 年历史的鹿之汤饭店，以周到的服务和优雅舒适的空间深受欢迎，合理的价格更是吸引人之处，在 2012 年旅游业选出的 250 个人气温泉旅馆中，获得五颗星的最高殊荣。从大厅、汤屋到餐厅，皆散发着繁华的日式风情，而考量到每位旅客的喜好，房间则有和式与和洋式可供选择。位于地下 1 楼的大浴殿"瑞云"，以挑高空间打造舒畅的开放感，露天风吕向外看去即可欣赏溪流美景，一边听着潺潺流水声，好不惬意。

🏠 札幌市南区定山溪温泉西 3-32　☎ 011-598-2311　🌐 www.shikanoyu.co.jp

花枫叶

花枫叶是鹿之汤饭店的别馆,承袭了鹿之汤的优雅与纯粹和风,花枫叶更给人一种雅致的氛围。10个榻榻米以上大小的宽敞客室,是花枫叶的魅力之一,可以在此尽情享受最舒适的空间。温泉浴池也是花枫叶自豪的特色,顶楼的展望大浴池视野辽阔,可以眺望山林美景;此外,1楼的露天风吕则以日式庭园概念打造,秋天还能边泡汤边赏枫,四季景色皆很迷人。料理奢侈选用当季的新鲜食材,以最能凸显原始美味的方式烹调,让旅客一餐饱尝北海道的山珍海味。

札幌市南区定山溪温泉西3-32　011-598-2002　www.shikanoyu.co.jp/hana

dormy inn PREMIUM 小樽

dormy inn是日本十分著名的优质连锁商务旅馆,位于小樽的这家分馆从小樽车站过个马路就到了,拥有绝佳的地理位置。饭店内的装潢充满大正浪漫风格,一应俱全的设施中,还包含可以免费利用的洗衣机,晚上更会提供免费消夜;另外,值得一提的是,这里对华人旅客十分贴心,办理入住手续时,柜台人员不仅会耐心解说,还会附上饭店详细的中文说明书,无论是泡汤时间、设施说明皆一目了然,毫无语言的隔阂,让人倍感窝心。

小樽市稻穗3-9-1　0134-21-5489　www.hotespa.net/hotels/otaru

民宿青冢食堂

在小樽北角的祝津，有着墨蓝的北国大海和一家渔师开的民宿兼食堂。青冢食堂在日本当地的名气不小，来自各地的客人因为这里的美味和人情，往往一再来访，用餐时间也总是人潮众多。与食堂并设、由渔师家族经营的民宿，提供简单整洁的和室房间，里头24小时的风吕，还能望向辽阔的祝津大海风景。

渔师之宿的海味绝对新鲜。澄黄的海胆、曾为小樽带来一度荣光的肥美鰊鱼、厚实柔软的干贝，以及当店招牌的香烤花枝等，味觉在鲜甜海味中彻底苏醒，渔师的日常生活，也在眼前开始真实上演。

🏠 小樽市祝津3-210 ☎ 0134-22-8034 🌐 www2.odn.ne.jp/aotuka

LA JOLIE MOTOMACHI

位于末广町的 LA JOLIE MOTOMACHI 是一家超值的饭店，整家饭店只有29间客房，分为8种不同房型，每一种房型都有不同的设计风格，基本的标准双床房内墙上贴着大片华美的壁纸，灯光点亮更是显得精致，室内空间经过巧妙规划，虽然放了两张大床却不显拥挤，能够在房内自在休息。饭店的公共空间也十分舒适，大厅的沙发可以供游客休憩聊天，桌上、书架上的书籍都可免费借阅，一旁还提供免费的茶饮、酒水及简单点心，喝一碗浓汤或冲上一壶红茶，再搭上饭店准备的简单小点，旅行的时光就该这样悠闲度过。

🏠 函馆市末広町6-6 ☎ 0138-23-3322 🌐 www.hotelwbf.com/lj-motomachi

玩在北海道

JR TOWER 展望室 T38

位于札幌车站东侧的 JR TOWER 共有 38 层楼，海拔 173 米，为北海道最高的建筑。大楼的 22～36 楼为 JR TOWER HOTEL，由 6 楼则可以搭乘电梯前往位于 38 楼的 JR TOWER 展望台 T38。T38 拥有 360° 的辽阔视野，白天能由北侧欣赏飞机起降，夜晚的灿烂夜景则为情侣约会的首选，还有不定期举办的"天空音乐会"，仅凭展望台的票券就能入场享受夜空下的浪漫乐声。此外，能将街景尽收眼底的"展望厕所"也是一大特色，男性有机会一定要试试。

🚉 JR 札幌驿东侧步行约 1 分　🏠 札幌市中央区北 5 条西 2-5 JR TOWER 6F 入场
📞 011-209-5500　🕙 10:00—23:00(入场至 22:30)　💴 大人 700 日元、初高中生 500 日元、小孩 300 日元、3 岁以下免费　🌐 www.jr-tower.com/t38/

大通公园

　　绿意盎然的大通公园以电视塔所在的北1条作为起点，一路延伸至札幌市资料馆所在的北12条，长约1.5千米。沿着带状的公园行走，沿途可看到喷泉、雕塑与绿荫处处，因此也理解为何这里被称为"札幌心脏"。

　　大通公园不仅是当地人休憩的绿地，还是札幌市内各大活动、祭典的中心地。每逢薰衣草和各种草花绽放的季节，街头艺人的乐声时常飘荡在漫步闲坐的人们的四周，札幌"公园都市"的美称在此得到了最好的印证。

🚆 JR札幌火车站步行约15分钟；或地铁大通站、西11丁目站步行约1分钟　🏠 札幌市中央区大通西1~12　☎ 011-2510438　🌐 www.sapporo-park.or.jp/odori

札幌电视塔

　　札幌电视塔又叫札幌铁塔，位于大通公园北端，虽然规模不大，但橘红色的铁塔造型格外醒目，是札幌的地标之一。现在的札幌电视塔单纯作为展望塔之用，乘坐约需1分钟即可到达的电梯，在高90.38米的瞭望台，即可清楚地欣赏到大通和邻近的SUSUKINO的闪烁夜景。尤其在札幌雪祭与冬季白灯节时，这里更是观赏夜景的最佳贵宾席。

　　另外，札幌电视塔取其谐音创作出的吉祥物"电视塔老爹"，带着小胡子、一副笑眯眯的模样很可爱，也非常受欢迎。

🚉 JR札幌火车站步行约15分钟；或地铁大通站27号出口步行约3分钟 🏠 札幌市中央区大通西1 ☎ 011-2411131 🕘 4月1日~28日9:30—21:30、4月29日至10月11日9:00—22:00、10月12日至次年3月31日9:30—21:30，日本新年及其他活动休息 💴 展望台入场券（到3层免费）成人700日元、高中生600日元、初中生400日元、小学生300日元、儿童100日元 🌐 www.tv-tower.co.jp

小樽运河

　　小樽运河全长 1 140 米,幅宽 20 ~ 40 米,是北海道唯一的、也是最古老的一条运河。建于大正年间的小樽运河与北海道的开拓历史同龄,约 120 多年,见证了小樽港口的黄金时期。港运衰退后,运河转为观光之用,现在,瓦斯灯暖黄光线中,小樽运河以及运河一侧旧仓库群的迷人构图,已成为小樽乃至北海道的代表性景点之一。

　　每年 2 月当中的 10 天,小樽运河也会成为小樽雪灯路的主会场。上百盏雪质蜡烛与点上蜡烛的玻璃浮球,在冬日里摇曳照亮了雪白的运河风景,更添浪漫气氛。

　🚃 JR 小樽驿步行约 8 分钟　🏠 小樽市色内、港町　☎ 0134-324111

函馆山夜景

　　函馆夜景与中国香港维多利亚港、意大利那不勒斯的夜景并列为"世界三大夜景",是来到函馆必游的一个项目。

　　函馆山位于函馆市西部,标高 334 米。由于得天独厚的地形,函馆市街被两侧的弧形海湾包围,呈现一种极为特殊的扇形。随着天色渐暗,市街盏盏灯火缓缓亮起,如同闪烁的宝石一般,照映着墨蓝的夜空与海洋。若想避开络绎不绝的观光人潮,不妨趁天黑之前先搭乘缆车登上展望台,一边欣赏夕阳,一边静待天黑。展望台也附设有餐厅和咖啡厅,可以选择靠窗的座位,尽情欣赏夜景。

　🏠 函馆市元町 19-7　🚃 市电十字街步行 10 分钟至山麓缆车站,再搭乘缆车至山顶
　☎ 0138-233105　🕙 10:00—21:50,10 月 16 日至次年 4 月 24 日 10:00—20:50,10 月 16 日至 11 月 6 日休息　💴 缆车成人往返 1 160 日元、儿童 590 日元
　🌐 www.334.co.jp/jpn

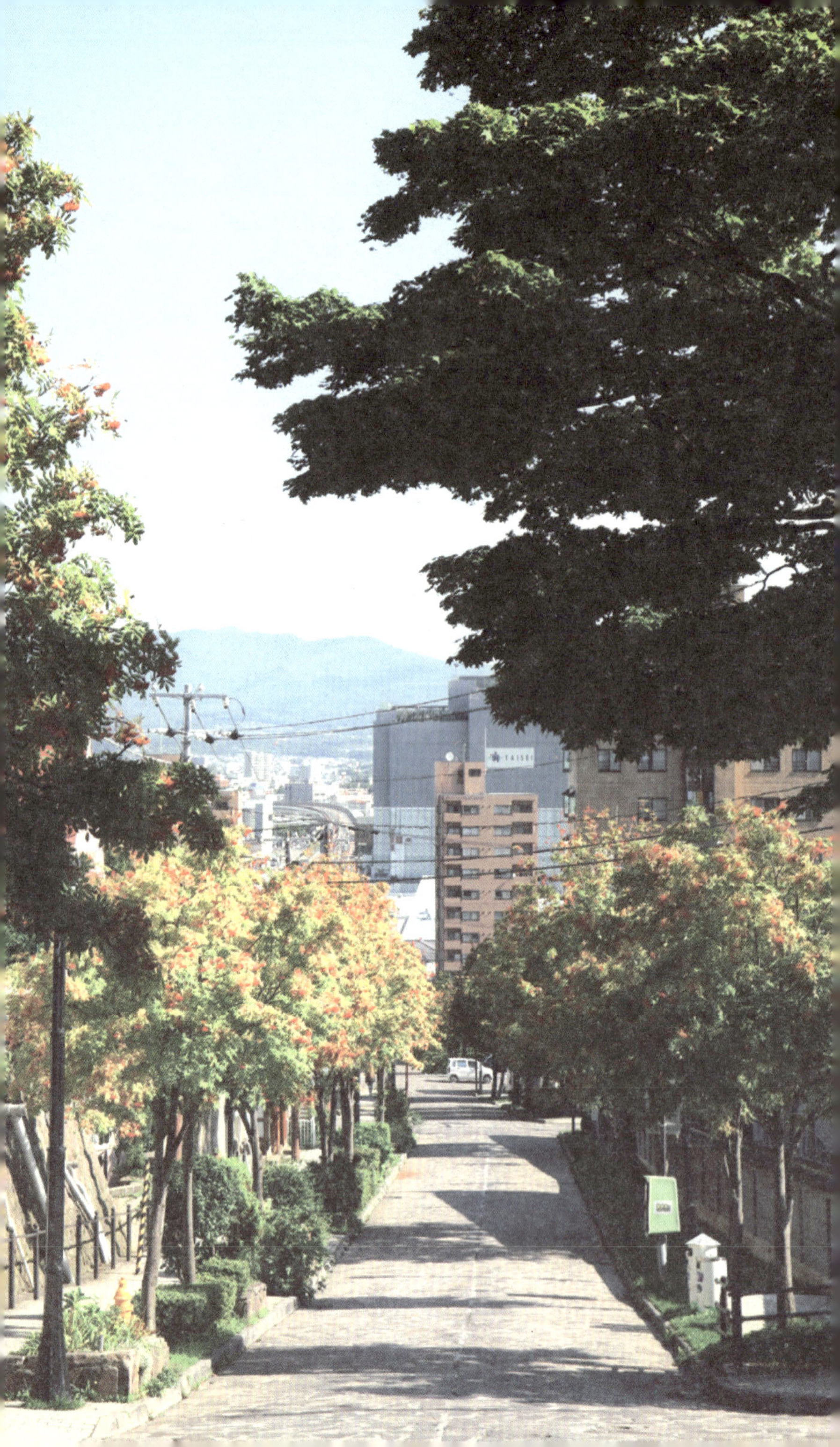

Chapter 8
九州购物游
完美指南

- 九州热门购物区
- 边买边吃
- 住在九州
- 玩在九州

九州热门购物区

博多駅周边

若说福冈是九州的门户，那么博多駅一带就是九州的流行文化发祥地了。博多駅是与其他县市联系的交通枢纽，由于交通往来便捷，车站周边以商务旅馆与餐厅为主，一直以来都十分热闹。九州新干线开通后，2011年购物中心"JR博多城"也随之落成，吸引了百货、杂货、餐饮名店等各式商家进驻，也使这一带成为福冈最为活跃的购物天地，2016年4月进军九州的博多KITTE也选择在此落脚，不仅说明了车站周边的繁华，也再次为博多駅商圈注入新鲜活力。

◎ 交通路线&出站信息

● 电车

站内指南

JR 博多駅： 山阳新干线、鹿儿岛本线（博多口）、九州新干线（筑紫口）、博多南线

地铁博多駅： 空港线（B3）

● 出站便利通

◎ JR 博多駅主要分为西侧的博多口与东侧的筑紫口，两侧皆有通向地铁博多站的出入口。

◎ JR 博多駅周边是各大百货林立的一级商业战区，AMU PLAZA 博多、AMU EST、阪急、Ming 等百货都与车站相通，逛街时就算下雨也不用怕。

◎ 从博多口出站可通往站前广场、AMU PLAZA、住吉神社等主要景点，还可通往博多巴士转运站。

◎ 筑紫口方向则可通往 DETOS、AMU EST。

● 周边巴士指南

双层敞篷观光巴士（FUKUOKA OPEN TOP BUS）： 从博多駅可以搭乘博多湾区・博多街区路线游玩栉田神社、大濠公园、天神一带，或是选择福冈星光夜景路线欣赏福冈市区的迷人夜景。

🕐 10:15、12:15、14:45、16:45；夜景路线 18:15、19:15

💴 大人 1 540 日元、小孩 770 日元

🌐 fukuokaopentopbus.jp/

◎ 在博多駅前广场 A 站牌处，可搭乘巴士前往天神 (100 円循环巴士、6、6-1、300～305)、博多运河城 (100 円循环巴士、6、6-1)、雅虎巨蛋 (300、301、303、305)、玛丽诺亚城 (303)，以及能古岛 (9、301、302)(于能古渡船场站下车后转搭渡轮）。

◎ 博多駅前广场 E 站牌处，可前往博多港、マリンメッセ福冈 (88)。

◎ 在博多巴士总站 3 号乘车处搭车可前往博多座、博多河岸城，4 号乘车处可前往博多运河城，6 号乘车处可前往福冈市博物馆、福冈塔、希尔顿海鹰饭店。

KITTE 博多 / 博多丸井

- 福冈市博多区博多駅中央街 9-1 B1F
- 7:00—24:00，1～8F 10:00—21:00，9～10F 11:00—23:00，依店铺而异
- kitte-hakata.jp

推荐理由

除了初登陆的各式名店，KITTE 博多里还有九州地方老铺开设的新型店铺，多样的店铺非常值得旅人探索。

话题百货 KITTE 终于进军九州了，由日本邮政经营的 KITTE，名称取自"邮票"（切手）与"来"（来て）的日文发音，2016 年 4 月下旬开业的 KITTE 博多汇聚了首次登陆九州的名店，还有如长崎的石丸文行堂、福冈的割烹兵四处这类九州老店经营的新店铺。百货 1～7 楼由同样是九州初上陆的丸井百货入主，地下一楼及 9～10 楼则是将近 50 家餐饮名店聚集的美食区，8 楼还有日本平价服饰 Uniqlo，豪华的阵容果然让 KITTE 博多吸引大批人潮。

AMU PLAZA 博多

- 博多駅中央街 1-1（博多口侧）
- 092-431-8484
- 依各楼层而异，1～8F 10:00—21:00
- www.jrhakatacity.com

AMU PLAZA 博多具备多种功能，想要用餐可到 9～10 楼的城市餐厅くうてん，要看场电影放松一下，到 9 楼的 T-JOY 电影院就对了，而屋顶燕林广场可供休憩游乐，各楼层可逛街购物，1～5 楼的东急手创及 6 楼的无印良品可购买生活杂物、食品与质感小物，可在这里逛上好几个小时。

天神・药院

在日本各大城市之中，很少有这么样被百货密集包围的地方。天神，一直以来都是福冈流行的代名词，地下街、商店街、数十家百货卖场让人逛也逛不完。不只逛的，人潮众多的天神地区美食也是吃不完，喜欢购物、美食的游客，来到这里一定能买得爽快、吃得开心。与热闹潮流的天神稍稍拉出一段恰好的距离，药院一带已然是福冈新兴的风格街区。这里过去是外国船只带来草药、开拓种植药草园，以及朝廷设立平民救济单位"施药院"的地点；今日，宁静悠然的巷弄里聚集了许多别具一格、品位突出的杂货、家饰独立小店与咖啡店，勾勒着一幅幅美好生活的蓝图，低调不媚俗的优雅，等待与访客最怦动的相遇。

◎ 交通路线&出站信息

● 电车

天神

　　地铁天神駅： 空港线、七隈线

　　地铁天神南駅： 箱崎线

　　西铁福冈（天神）駅： 天神大牟田线

药院

　　地铁药院駅： 七隈线

　　地铁药院大通駅： 七隈线

　　西铁药院駅： 天神大牟田线

● 出站便利通

　　◎地铁天神站5号出口与百货公司PARCO直通，提大型行李的旅客使用这个出口较为方便。

　　◎要前往西铁福冈（天神）站，建议可从6号出口出站。

　　◎天神—药院之间约15分钟路程，建议可以从天神駅步行至地铁天神南駅转乘七隈线至药院。

　　◎天神—药院之间的转乘需要先出站一次，出站时需利用绿色的のりかえ改札机，接着依照指示走天神地下街前往另一车站，出站后2个小时内都可转乘，如果超时的话，则需要重新购票。

TENJIN CORE

- 地铁天神南駅、西鉄福冈（天神）駅步行 3 分钟
- 福冈市中央区天神 1-11-11
- 092-721-8436
- B2F～6、8F10:00—20:00，7F 及餐厅 11:00—22:30，因店家而异。不定休
- www.tenjincore.com

　　TENJIN CORE 的店内风格，与一般对百货公司的印象有点出入，类似于东京原宿的青少年商店，商品款式颇为流行，7 楼是美食楼层，聚集许多知名餐厅，最让人高兴的是顶楼的花园，为城市创造出一个小小的都市绿洲。

大丸 福冈天神店

- 092-712-8181
- 地铁天神駅步行约 5 分钟，天神南駅步行 1 分钟
- 福冈市中央区天神 1-4-1
- 10:00—20:00、餐厅 11:00—22:00，1 月 1 日休息
- www.daimaru.co.jp/fukuoka

　　大丸百货分成东馆和本馆，两馆皆以精品服饰为中心，东馆 1 楼的顶级品牌街和本馆 6 楼的生活杂货区是消费者最为瞩目的区域，除了各式各样的品牌店铺之外，东馆 5、6 楼的美食街里还聚集了包括福冈的寿司老铺高玉、仙台的炭烧牛舌名店东山等，都是与大丸百货同等质量的一流餐厅。

岩田屋

- 地铁天神駅、西鉄福冈（天神）駅步行 5 分钟
- 福冈市中央区天神 2-5-35
- 092-721-1111
- 10:00—20:00，1 月 1 日休息
- www.i.iwataya-mitsukoshi.co.jp

　　岩田屋是九州最有流行感的百货公司，各式顶尖流行品牌 Cartier、Hermes、GUCCI 等品牌在此齐聚一堂，不只品牌齐全、卖场也非常精致，时尚精品一族在此保证逛得过瘾。地下 1 楼的生鲜超市也很不错，许多九州特产与博多名物，都可在此买到。新馆还拥有许多特殊名店，地下 2 楼的 The Conran Shop 是全日本 11 家分店之一，陈列许多充满设计感的家具与家饰用品。

福冈三越

- 地铁天神驿步行 1 分钟、西铁福冈（天神）驿出站即达
- 092-724-3111
- 福冈市中央区天神 2-1-1
- 10:00—20:00，1 月 1 日休息
- www.m.iwataya-mitsukoshi.co.jp

福冈三越的 2 楼直接连接西铁福冈（天神）驿，3 楼则是西铁天神巴士总站，所以福冈三越不只是购物点，还是交通转运站，也因此福冈三越从地下楼层开始，几乎每一层楼都有一家以上的咖啡馆、茶屋。1 楼是高级进口品及化妆品的楼层；人气最旺的楼层是 3 楼，美国品牌 GAP 几乎全系列、男女老少的服饰、配件都能在此找到；顶楼还有三越艺廊，购物顺道培养文化气息。

VIORO ヴィオロ

- 地铁天神驿步行 5 分钟、西铁福冈（天神）驿步行 1 分钟
- 092-771-1001
- 福冈市中央区天神 2-10-3
- 11:00—21:00（餐厅至 23:00），7F 星巴克 8:00—23:00
- www.vioro.jp

VIORO 是天神地区最受瞩目的新型态购物大楼，包含地下二层共 9 层楼，全馆共有 50 多家别具风格的商店，完全以成熟女性为主要消费客层。7 楼则为餐厅楼层，部分还拥有可眺望夜景的空中庭园。要享受购物的气氛，来到这里准没错。

IMS

- 地铁天神驿、西铁福冈（天神）驿步行 3 分钟
- 092-733-2001
- 福冈市中央区天神 1-7-11
- 10:00—20:00、餐厅 11:00—23:00，不定休
- www.ims.co.jp

IMS 在百货竞争激烈的天神区中，走的是个性路线，也是福冈的各种流行情报发信中心。建筑外观的金色八角造型相当引人注目，从 B2～3 楼，聚集各流行服饰；4～8 楼是生活实用楼层，不但有汽车展售，甚至有美容、占卜等。除了餐厅楼层外，也有多用途大厅及水疗等，能够满足各种需求的顾客。

边买边吃

博多駅周边

REC COFFEE
- 092-577-1766
- 博多丸井 6F
- 10:00—21:00
- rec-coffee.com

● 推荐理由 ●
每个讲究的冲泡步骤，让咖啡不仅仅是饮品，更是店家对顾客与质量的满满用心。

喜爱咖啡的人绝不能错过 REC COFFEE。本店位于药院的 REC COFFEE 是福冈十分有名的精品咖啡（Specialty Coffee）专卖店，秉持着"从种子到杯子（From seed to cup）"的概念，为顾客提供充满咖啡豆独特个性的饮品，其店主岩濑由和更曾连续夺下 2014、2015 年的日本咖啡师大赏（Japan Barista Championship）冠军，代表日本参与世界大赛呢。带着与本店相同的理念，博多丸井的分店也专注于对咖啡的挑剔，来到这里可千万别忘了点上一杯咖啡，细细品味其中的美好与奇妙。

越后屋 博多駅前本店

- JR 博多駅步行约 5 分钟
- 092-413-8934
- 福冈市博多区博多駅前 3-11-17-1F
- 17:00—23:00，不定休
- www.echigoya-h.jp

　　越后屋是博多特色美味牛杂锅的专门店，在福冈市共有3家分店，顾客以女性及游客居多。老板每天到市场精挑细选的牛杂包括牛的小肠、大肠和胃等，相当具有口感嚼劲；有别于一般以酱油为底，越后屋是严选调和数种京都的顶级"西京味噌"，并加入独家特制高汤，熬出美味汤头。

小浜ちゃんぽん鉄蔵

- 092-4161-1381
- 9:00—21:00
- tetsu-zou.com

　　"日本三大什锦面"分别为长崎、天草及小浜什锦面，尝过了长崎的经典口味，推荐也可以来这里尝尝小浜的味道，丰富的花枝脚、附壳虾子、猪肉、木耳、红萝卜等海陆配料，先经过铁板煎炒再一同入锅熬煮，以鸡骨加上和风高汤炖煮的汤头融入满满食材香气，香甜清爽而不油腻，还带着黑胡椒的微微辛辣，夹起粗面与配料、汤汁一起入口，绝妙的搭配让人回味无穷。

天神・药院

SAMURAI GELATO 天神店

- 地铁天神站步行 10 分钟
- 福冈市中央区天神 2-5-35
- 白天至日落，不定休
- www.sakura-f.co.jp

推荐理由
友善环境，以极品九州食材制作的义式冰激凌，对环境和身体都没有负担，想要搜齐所有口味的美味！

SAMURAI 是日文"武士"的发音。SAMURAI GELATO 改良原始的义式冰激凌制法和原料，强调"日本人用日本食材制作"，独家开发出注入武士精神的原创义式冰激凌：牛奶口味使用百分之百阿苏小国的娟珊牛乳，微苦中带着清甜滋味的抹茶口味用的是高级八女茶还有与志贺岛契作的甘王莓口味。不只严选九州各地的当季食材，还与农家合作，将外型不符商品规格的农作物化为冰激凌，赋予原本面临丢弃的作物新的生命，以友善土地的心意制作新鲜、健康美味的冰激凌。

醉灯屋 天神店

- 092-716-2901
- 福冈市中央区天神 1-13-13 几永ビル 2F
- 17:00－24:00
- suitoya.jp

推荐理由
店内服务十分贴心，招牌的锅物都有提供一人份的选项。

来到醉灯屋天神店不难发现，九州的名菜料理一应俱全，以一个晚上就能享用尝尽博多为概念，提供多样化的美食，非常受到当地上班族的欢迎。在进货上坚持采用九州当地食材，既新鲜且安全，让顾客吃得安心。店内的开放式厨房整洁无比，也可在餐台欣赏到料理长的精湛刀法。人气招牌餐点为活乌贼生鱼片，点餐后才将活乌贼切片，能品尝到还在活跳状态的生鱼片，是只有博多才有的独特风味。

除此之外，店内的招牌料理还有内脏锅与博多鸡肉火锅，都是经过多重坚持所制作出来，这里的特色是有提供一人份的选择，因此即便是 2 人前来也能两种招牌锅物都品尝看看。其他如炒拉面、芝麻鲭鱼等，在醉灯屋也都能吃到，总而言之就是名菜齐聚，逛累了若烦恼不知该吃什么才好，只要来这里绝对没问题，说不定还能吃到从没见过的九州名菜呢！

café & books biblio-thèque 福冈·天神

- 地铁天神站步行5分钟，西铁福冈（天神）站步行1分钟
- 092-752-7443
- 福冈市中央区天神2-10-3 VIORO B1
- 11:00—23:00
- www.bibliotheque.ne.jp/fukuoka

● 推荐理由 ●
营业到23:00的咖啡店，不管是正餐后续摊或是心血来潮想寻找深夜甜点，都能在这里得到满足。

　　结合咖啡与书店的café & books biblio-thèque为读者提供日本国内外的摄影集、设计、艺术、手工艺、时尚相关书籍，缤纷又带着童心的生活杂货则是从世界各地采购而来。从咖啡厅的装潢风格到选物处处彰显着店家独有的品味与态度。biblio-thèque的餐点也不容小觑，意大利面、排餐皆严选九州当地食材，蔬菜更是从系岛的契约农场每日直送。店内最受欢迎的松饼料理同时满足咸食派和甜点控的需求，期间限定的季节甜点不只外表甜美诱人，更是不惜耗费材料与功夫呈现的精致美味。

Full Full village 天神パン工房

- 地铁天神站、西铁福冈（天神）站步行6分钟
- 092-726-2655
- 福冈市中央区天神1-10-13 福冈MMTビル1阶
- 9:00—19:00，周二休息
- www.full-full.jp/index.html

● 推荐理由 ●
用最自然单纯的食材烘焙出不简单的香喷喷面包，只要咬一口就会迷上的"良心食感"，重新感受面包本来的模样。

　　迷你的店铺里，店员从半开放式工坊中接过刚烤好的面包上架，一个个饱满新鲜，散发诱人清香的面包唤醒身上每一寸嗜吃面包的灵魂。Full Full village自豪的面包原料是福冈县系岛产的小麦，在无农药和化肥的环境下生长。师傅以国产面粉烘焙出的面包口感扎实丰厚，细细咀嚼，还能尝到小麦甜味。想品尝店内最受欢迎的法式明太子，千万别太晚光顾以免向隅。人气No.2的花林糖黑糖甜甜圈外酥内软，简单又令人怀念的滋味让人一口接着一口停不下来。

住在九州

◎ 福冈天神我的住宿酒店

酒店位于市中心区域，客房陈设优雅，铺设了木质地板，配有平面电视、空气净化器、冰箱和电烧水壶。

🏠 Chuo-ku Tenjin 3-5-7 ☎ 92-6871100

◎ 福冈博多酒店

客房配有平面电视、冰箱带绿茶包的电热水壶，以及带洗浴用品的浴室。周围有很多商店和吃的店可以逛。

🏠 Hakataeki Chuogai 4-23 ☎ 92-4361129

◎ 博多祇园多米旅馆

酒店设施完备，设有公共温泉浴室、一间桑拿浴室和一家餐厅。提供自助早餐，包括多种选择的日本料理和一些西餐，在晚间提供免费的面。

🏠 Hakata Reisen-cho1-12 ☎ 92-2715489

◎ JR 九州花博中心酒店

离博多地铁站非常近，隔壁就是地下街入口，酒店旁边的 SUNPLAZA 楼下二层就有非常有名的一兰拉面。

🏠 Hakata-ku Hakata-ekimae 2-2-11 ☎ 92-4778739

Chapter 8

九州购物游完美指南　九州热门购物区　边买边吃　**住在九州**　玩在九州

玩在九州

福冈塔

为庆祝建市 100 周年，福冈市于 1989 年建造了福冈塔。高 234 米的塔身共由八千多块镜面组成，白天时镜里倒映着蓝天白云，晚上灿烂变化的灯光秀则让人目眩神迷，至今已吸引超过千万游客来此一睹风采。搭乘电梯在 70 秒内上升到 123 米高的展望台，360°的观景窗可以鸟瞰福冈全景与雅虎巨蛋，远方还可见飞机起降的风光。

🚇 地铁西新驿 1 号出口步行约 20 分钟 🏠 福冈市早良区百道浜 2-3-26 ☎ 092-823-0234 🕐 4～9 月 9:30—22:00（入馆至 21:30），6 月最后的周一至周二休息
💰 福冈塔展望台外国人大人 640 日元、中小学生 400 日元、4 岁以上儿童 160 日元（外国人需出示证明）🌐 www.fukuokatower.co.jp

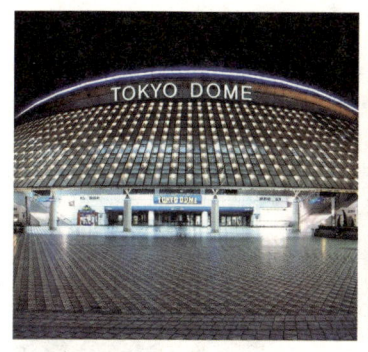

福冈雅虎！日本巨蛋

职业棒球在日本是极受欢迎的运动，1993年4月开业的雅虎巨蛋，以古罗马竞技场为概念，是日本首座开放式圆顶形多用途球场，关开自如的屋顶，可视天气与活动需要，调整开启的角度与面积。随着球团经营权的变更，2005年从原名的福冈巨蛋正式改名为"福冈雅虎！日本巨蛋"，简称"雅虎巨蛋"，球队也改为福冈软银鹰队(福冈SoftBank HAWKS)，每逢比赛时，总是热闹非凡、人气滚滚。

地铁唐人町駅3号出口步行约10分钟；或从JR博多駅搭乘开往福冈塔的西铁巴士，约20分可至，或在九州医疗センター站下车步行即达 ☎ 092-847-1006 福冈市中央区地行浜2-2-2 www.hawkstown.com/dome

嬉野温泉

十分受到女性喜欢的嬉野温泉为三大美肌之汤，传说神功皇后战争归来时经过，看到疲累的白鹤将翅膀浸浴在温泉中，突然变得活力十足，因此叫受伤的士兵进入泡汤，士兵的伤势因而受到治疗，相当高兴的皇后便说"真是高兴"，温泉也因此得名。

JR武雄温泉站南口搭乘JR九州岛巴士，约30分钟即达 kankou.spa-u.net

汤布院温泉

1955年"由布院町"和"汤平村"合并称为"汤布院"，位居有着"丰后富士"之称的由布岳山脚下，以优越位置和丰沛泉量的温泉，成为观光地。在日式风味浓厚的街道上，乘上摇摇晃晃的观光马车、复古的观光出租车或是人力车，来趟温泉乡漫游巡礼是十分享受的。经过佛山寺、宇奈岐日女神社再回到汤布院，也可以租辆脚踏车，乘着风慢骑于汤布院街道，享受骑乘的乐趣。

从博德站搭乘JR特急由布院之森、JR特急由布，约2小时10分钟即达由布院站
 www.yufuin.gr.jp

熊本城

　　熊本城与大阪城、姬路城合称为"日本三大名城",被长达242米的巨大石基砌成的城墙所围绕,为日本现存最长的城墙。由于城内种有许多银杏树,因此又有"银杏城"的称号。目前所见之熊本城的天守阁是于昭和三十五年（1960年）重建,顶楼设有展望室,可将整个熊本市区尽收眼底,并可远眺阿苏火山。

🚇 **熊本市电"熊本城·市役所前"站下车步行约10分钟,若要走到城门口的售票处,则约需15分钟** 🏠 **熊本县熊本市本丸1-1** 🌐 **www.manyou-kumamoto.jp/castle**